W0096790

Petra Schuseil

Finde dein Lebenstempo

Mit dem richtigen Tempo zu mehr Leben

Bibliografische Information der Deutschen Nationalbibliothek

Die Deutsche Nationalbibliothek verzeichnet diese Publikation
in der Deutschen Nationalbibliografie; detaillierte
bibliografische Informationen sind im Internet unter
http://dnb.d-nb.de abrufbar.

ISBN 978-3-86936-481-0

Lektorat: Anja Hilgarth, Herzogenaurach
Umschlaggestaltung: Martin Zech Design, Bremen | www.martinzech.de
Umschlagfoto: detailblick/fotolia.com
Satz und Layout: Lohse Design, Heppenheim | www.lohse-design.de
Druck und Bindung: Salzland Druck, Staßfurt
Copyright © 2013 by GABAL Verlag GmbH, Offenbach

Alle Rechte vorbehalten. Vervielfältigung, auch auszugsweise,
nur mit schriftlicher Genehmigung des Verlages.

www.gabal-verlag.de

Inhalt

Vorwort

Seit ich denken kann, schreibe ich. Mit sechs in der Volksschule krakelte ich eher die ersten Buchstaben mit einem Kreidegriffel auf eine Schiefertafel. Da war an unsere moderne Internetzeit noch gar nicht zu denken. Im Laufe meines Lebens wurden das Schreiben und meine Schreiberei immer schneller. Ich liebe es, wenn die Finger über die Tastatur springen und die Worte wie von selbst aus den Fingern fließen. Dazu braucht es Zeit und Muße.

Das Wort „Lebenstempo" bzw. „Lebenstempo-Coaching" entstand in Hongkong. Ich hatte das erste Mal in meinem Leben Zeit und ein langsames Tempo, um mich mit meiner Positionierung als Coach zu beschäftigen. Wer bin ich? Was kann ich? Was zeichnet mich aus? Die erste Buchidee entstand: In 7 Schritten zum eigenen Lebenstempo. Aus den 7 Schritten wurden 7 Regler, die ich Ihnen in den Kapiteln 3 und 4 dieses Buches vorstellen werde.

Das Tempo halten. Darum geht es heutzutage. Wie füllen wir die knappe Zeit, um unseren Alltag zu meistern und dabei glücklich und zufrieden zu bleiben? Zu schnell verlieren wir den Blick für das Wesentliche. Deshalb: Es ist eine Kunst, das eigene Lebenstempo zu finden und zu gestalten.

Jeder hat sein eigenes Lebenstempo

Na, in welchem Tempo sind Sie gerade unterwegs? Rennen Sie im Hamsterrad oder dümpelt Ihr Leben momentan so vor sich hin?

Leben, Zeit und Tempo – das ist so eine Sache. Denn abgesehen davon, wie schnell wir unseren beruflichen und privaten Alltag meistern (müssen), gibt es den eigenen Geschwindigkeitstyp: Manche Menschen sind ruhiger und lieben es beschaulich, andere sind buchstäblich von der schnellen Truppe.

Nichts davon ist automatisch gut oder schlecht! Obwohl das oft so wirkt. Denken Sie nur mal an Tier-Analogien: Da ist von der „lahmen Ente", der „gestressten Pute" und der „fleißigen Biene" die Rede. Immer wird bewertet. Und wenn es andere nicht tun, bewerten wir uns selbst.

Zeit ist für Sie momentan ein Thema, sonst hätten Sie nicht zu meinem Buch gegriffen. Sehr gut, dass Sie nicht ins Zeitmanagement-Regal gegriffen haben! Denn beim Umgang mit der Zeit geht es nicht um das Managen. Es geht nicht darum, immer mehr in weniger Zeit zu schaffen. Sondern es geht einfach darum, den richtigen Rhythmus zu Ihrem Lebenstempo zu finden und zu leben.

Das Lebenstempo beinhaltet sehr viel mehr als bloßes Zeitmanagement. Denn welches Tempo wir leben, bestimmt,

- wie wir uns fühlen,
- wie viel Energie wir haben,
- wie sehr wir im Einklang mit uns leben und unseren Rhythmus finden,
- wie selbstbewusst, stark und gesund wir sind,
- wie sinnerfüllt und spannend das Leben für uns ist,
- wie sehr wir zu Höchstleistungen auflaufen und unsere Talente entfalten können
- und wie sehr wir das Leben genießen.

Zeit ist keine feste Größe

Sie werden sich über die verschiedensten Zeitaspekte Gedanken machen und wie sich diese auf Sie auswirken. Anhand von Selbst-Tests, Leitfragen und Übungen ziehen Sie Bilanz, bestimmen Ihr individuelles Lebenstempo – und können beginnen, es zu leben.

Dann gilt es, die Zeit aktiv zu regulieren. Genauso wenig, wie wir mit einem Auto immer nur konstante Geschwindigkeit fahren, läuft unser Leben immer im gleichen Tempo ab. Und das ist gut so! Denn es macht uns vielseitig, fordert, und wir können zwischen Anspannung, Hochleistung und Entspannung wechseln.

Aus meinen Lebenstempo-Coachings bringe ich viele konkrete Übungen und Methoden ein. Ich war selbst viele Jahre in ganz unterschiedlichem Ambiente und Lebenstempo aktiv: von beruflich grundverschiedenem Umfeld bis hin zu unterschiedlichen Mentalitäten. Zum Beispiel lebte ich einige Zeit im schnellen Hongkong und nun in der Schweiz, in der die Uhren langsamer ticken.

Ihr Lebenstempo-Tagebuch

Kaufen Sie sich jetzt gleich zum Auftakt ein wunderschönes leeres Tagebuch im A5- oder A4-Format. Geben Sie ruhig ein bisschen Geld für sich aus! Denn das ist Ihr persönliches Lebenstempo-Tagebuch, in das Sie Ihre Gedanken, Gefühle, Aha-Effekte und Pläne eintragen werden.
Suchen Sie ein Buch aus, das Ihnen ganz besonders gut gefällt. Das Sie gerne anfassen, weil Ihnen Struktur und Farbe angenehm sind. Ein Buch, in das Sie unbedingt andauernd etwas hineinschreiben möchten. ☺

Durch alle Kapitel des Buches gebe ich Ihnen Denkaufgaben und Übungen. Tragen Sie in Ihrem Tagebuch Ihre Antworten und Gedanken ein.

Wenn Sie mit Ihrem Buch arbeiten sollen, finden Sie am Rand dieses
Zeichen:

So entsteht während der Lektüre Ihr ganz persönliches „Lebenstempo-
Klugheitsbuch" ☺.

In Sachen Tempoänderung bin ich Expertin, und dies nicht nur
beim Schreiben. Ich wünsche Ihnen genüssliche Lektüre und viel
Spaß beim Entdecken Ihres Lebenstempos.

Ihre

Bestimme dein Lebenstempo

*„Dreht sich die Uhr, wie du dir das wünschst,
oder drehst du dich mit der Uhr?"*

Wenn es um die Zeit geht, fühlen sich fast alle Menschen fremdbestimmt: Andere geben das Tempo vor, die verschiedensten Verpflichtungen wollen erledigt werden, und so fügen wir uns in unseren Alltag und *richten uns nach der Zeit*. Wie stark das der Fall ist, merken wir oft erst, wenn wir unsere Armbanduhr vergessen. Jedes Mal, wenn wir aufs nackte Handgelenk starren, wird uns bewusst, wie oft wir die Zeit prüfen.

Tatsächlich sind wir als Erwachsene total eingebunden: Wir müssen pünktlich zur Arbeit, die Kinder abholen oder zum Fußball fahren, wir müssen rechtzeitig am Bahnhof sein, machen Telefontermine aus und verabreden uns beim Italiener. Dazu kommen die vielen Verpflichtungen, die zwar keine feste Uhrzeit mit sich bringen, aber rechtzeitig erledigt werden müssen: Wir müssen einkaufen, wenn wir was essen möchten; wenn wir nicht ständig waschen, haben wir nichts mehr zum Anziehen. Wir müssen irgendwann zum Zahnarzt und zum Friseur. Dann gibt es natürlich auch noch das Wollen: ein Buch lesen, ein Hobby ausüben, zum Sport gehen ...

Ob wir wollen oder nicht: Zeit ist ein endliches Gut. Und das Tempo wird durch viele Parameter getaktet.

Fremdbestimmtes Zeitopfer oder steuernder Zeitmanager?

Wir werden privat und beruflich immer wieder fremdbestimmt sein. Das gehört zum Leben dazu, denn wir sind nicht alleine auf der Welt. Es ist aber ein Unterschied, ob man nur fremdkontrolliert ist oder gleichzeitig einen hohen Anteil an Selbstbestimmung ausübt. Selbstbestimmt heißt in diesem Fall, dass Sie das Steuer in der Hand halten, auch wenn andere Einflüsse Ihre Zeit beanspruchen und zu einem gewissen Grad auch diktieren.

Wenn wir uns vollkommen fremdbestimmt fühlen, werden wir zum Zeitopfer. Ein Opfer ist jemand, der leidet, der keine Chance sieht, aus einer privaten oder beruflichen Situation auszusteigen, und sich unter Druck fühlt. Das ist ein sehr unschönes Gefühl, das uns Freiräume nimmt. Wir glauben, wir müssten uns anpassen, stillhalten, und leben oft gegen unsere Bedürfnisse. Selbstbestimmt zu handeln hingegen fühlt sich frei an. Wir sind unabhängiger. Wir entscheiden. Viele Menschen ersehnen sich mehr Selbstbestimmung. Aber Vorsicht: Nicht jeder kommt mit totaler Selbstbestimmung zurecht! Auch hier heißt es, erst einmal auszuloten, was für ein Typ Sie sind. Sehen wir uns also genauer an, in welchen Lebensbereichen wir oft fremdbestimmt sind:

Selbst-Test: Wie selbst- und fremdbestimmt sind Sie?

Bitte nehmen Sie Ihr Tagebuch zur Hand. Ich stelle Ihnen im Verlauf des folgenden Kapitels Fragen, die Sie dabei unterstützen, den Selbst- und Fremdbestimmungsfaktor herauszufinden.

Der Beruf

Wenn wir über „Zeit, Beruf und Tempo" sprechen, spielt der Beruf natürlich eine ganz zentrale Rolle. Zum einen nimmt er bei den meisten Menschen sehr, sehr viel Zeit in Anspruch. Es stimmt, dass viele mehr Zeit mit den Arbeitskollegen oder ihrer Bürogemeinschaft verbringen als mit ihrer Familie.

- Wir müssen zu einer bestimmten Zeit an unserem Arbeitsort / bei einem Kunden etc. sein.
- Telefon, E-Mails, Termine diktieren unseren Arbeitstag.
- In vielen Berufen kommt eine kontinuierliche Fortbildung hinzu.
- Je nach Aufgabenbereich sind wir mehr oder weniger fremdbestimmt: Eine Sekretärin bekommt entweder dauernd Arbeit vom Chef aufgetragen oder aber sie ist eine autonom handelnde rechte Hand.

Dazu kommen auch Ihre finanzielle Situation und die beruflichen Möglichkeiten, die sich an Ihrem Wohnort bieten. Vielleicht können Sie wegen kleiner Kinder gerade nur halbtags arbeiten, was Ihren Tag extrem hektisch macht. Oder aber Ihre Arbeit ist nicht so gut bezahlt, so dass Sie einen zusätzlichen Job annehmen müssen. Vielleicht sind Sie selbstständig. Egal ob Sie Einzelunternehmer oder Mittelständler sind: Viele arbeiten tatsächlich „selbst und ständig".

Nicht immer können wir „mal eben" an unserer beruflichen Situation etwas ändern. Doch es lohnt sich, konkret unter die Lupe zu nehmen, wie Sie zu Ihrem Beruf stehen. Das verrät Ihnen jede Menge darüber, ob die momentane berufliche Situation wirklich das Gelbe vom Ei für Sie ist. Außerdem erkennen Sie Knackpunkte, an denen Sie Ihr Lebenstempo selbstbestimmt optimieren können.

Bitte beantworten Sie in Ihrem Lebenstempo-Tagebuch:

- Wie gerne gehe ich zur Arbeit?
- Zu wie viel Prozent fühle ich mich zeitlich fremdbestimmt im Beruf?

Wer oder was bestimmt über meine Zeit (stiehlt sie mir vielleicht sogar)?

■ Wäre ich lieber selbstbestimmter? Könnte ich mich wunderbar selbst organisieren, die Arbeit priorisieren und mir meine Zeit einteilen, oder bin ich eher jemand, der Aufgaben ausführt?

Ganz wichtig: Bitte bewerten Sie nicht! Schreiben Sie spontan, aber sachlich-konstruktiv auf, was Sie denken. Schimpfen Sie nicht über Kollegen und hacken Sie auch nicht auf sich selbst herum. Versuchen Sie objektiv zu antworten und freuen Sie sich über die Erkenntnisse, die Sie für sich gewinnen.

Privatleben

Selbstverständlich „fordert" auch unser Privatleben Zeit: Familie, Freunde, unsere persönlichen Lebensumstände erfordern unsere Zeit und beeinflussen unseren Rhythmus. Je älter wir werden, desto mehr wachsen auch unsere Verpflichtungen: Wir tragen Sorge, es bestehen oftmals auch Zwänge:

■ Eltern werden älter. Sie wohnen in unmittelbarer Nähe oder weit entfernt.

■ Selbst Mutter- oder Vater-Sein hat vielfältige Aufgaben, Freuden genauso wie Sorgen. Je nach Alter der Kinder ist die Schule ein Dauerthema. Alleinerziehende haben das Doppelte an Kraft und Zeit zu stemmen.

■ Wir werden aus heiterem Himmel mit persönlichen Notfällen von uns nahestehenden Menschen konfrontiert bis hin zu Schicksalsschlägen, Krankheit oder dem Tod.

■ Schließlich wiederholen sich viele Alltagsaufgaben, die oft genug an Termine geknüpft sind: der Haushalt, wichtiger Schriftverkehr, das Überweisen von Rechnungen oder das Erledigen der Steuererklärung. Wir müssen Termine aller Art wahrnehmen: vom Arzt über den Handwerker bis zu Schulterminen.

Auch freiwillig auferlegte „Verpflichtungen" fordern ihren Teil unserer Zeit:

- Viele Werte mischen ins private Leben hinein: die Liebe und die Freundschaft. Ohne Freunde können wir uns das Leben nicht vorstellen. Wir treffen sie zum Essen oder im Kino. Wir spielen mit ihnen Tennis oder verabreden uns zum Stammtisch. Auch die Beziehungspflege beansprucht Zeit.
- Ich kenne Menschen, die Kinder adoptiert oder ein Pflegekind aufgenommen haben. Sie möchten etwas Sinnvolles verwirklichen und engagieren sich. Die Tierfreunde unter Ihnen wissen, was es bedeutet, ein Haustier in der Familie aufzunehmen. Egal ob ein Hund, eine Katze oder ein Vogel mit Ihnen lebt, das Tier will versorgt sein und bestimmt Ihren Lebensrhythmus.
- Idealerweise sorgen Sie auch dafür, dass Sie genug Zeit für sich selbst haben, um sich ganz um sich zu kümmern und Ihren Interessen nachzugehen.

Beantworten Sie sich diese Fragen:

- Wie zufrieden bin ich mit meinem Privatleben?
- Zu wie viel Prozent fühle ich mich zeitlich fremdbestimmt in meinem Privatleben? Wer oder was bestimmt über meine Zeit (stiehlt sie mir vielleicht sogar)?
- Wie viel „Zeit für mich" räume ich mir in meinem Alltag ein?

Im fünften Kapitel gehen wir noch intensiv darauf ein, was in Ihrem Leben wirklich wichtig ist.

Andere Menschen und Orte geben den Takt vor

Nicht nur unser Berufs- und Privatleben beeinflusst unser Lebenstempo. Es gibt Menschen und Orte, die den Takt vorgeben, ob wir wollen oder nicht, und damit unseren Rhythmus bereichern oder empfindlich stören. Kennen Sie Menschen, die alles „schnell,

schnell" erledigen wollen, ungeduldig sind und nicht abwarten wollen?

Mein Mann ist beispielsweise so ein „Antreiber". Dabei bin ich sicher keine lahme Ente, aber ich brauche meine Zeit. Manchmal macht ihn mein gemesseneres Tempo rasend. Und mich sein Auf-die-Tube-Drücken. Oder Sie kennen vielleicht genau das Gegenteil, nämlich eine „Schlaftablette". So ein Freund braucht Stunden, um sich zu entscheiden, umzuziehen oder zu essen.

Welche Gefühle sind da involviert, wenn wir es mit Menschen zu tun haben, die ein anderes Tempo leben? Wut, Ungeduld, Trotz („Nee, jetzt erst recht nicht!"), Enttäuschung, Erstaunen. Daran lässt sich schon erkennen, welcher Druck sich daraus ergeben kann, wenn man gegen sein eigenes Tempo lebt, und welchen Zündstoff man durch das unterschiedliche Zeitempfinden in Beziehungen bringen kann.

Wie wir so „sind", ist uns manchmal tatsächlich schon in die Wiege gelegt. Schon bei kleineren Kindern zeigen sich ausgeprägte Trödler und Träumer, was eine ganz eigene Qualität mit sich bringt! Aber auch unsere Erziehung prägt: Allein dass meine Wurzeln in einem Familienunternehmen liegen, einem geschäftigen Hotel- und Restaurantbetrieb, macht mich vergleichsweise anders. Je nach Umfeld, in dem wir aufgewachsen sind, bringen wir vielfältige Erlebnisse und Lebensentwürfe mit – auch was den Umgang mit der Zeit betrifft!

Egal wo man lebt, arbeitet und reist, man trifft auf andere Menschen, die unsere Zeit beschleunigen oder verlangsamen. Manchmal kommen wir in Gegenden oder berufliche Umfelder, in denen ein anderer Rhythmus herrscht, als wir ihn gewohnt sind. Hier ein paar gegensätzliche Beispiele:

- Auf dem Land gehen die Uhren anders als in der Stadt.
- In einem hektischen Großraumbüro fühlen wir uns anders als mit dem Laptop auf der Dachterrasse.
- Im Discounter an der Kasse wird ungeduldig gedrängelt, während wir in einer Boutique entspannt stöbern.

Nicht zu vergessen, dass wir in anderen Kulturkreisen andere Lebensrhythmen und Mentalitäten entdecken. Die Weltmetropole Hongkong birgt verschiedene Lebenstempi mitten in der Stadt. Mich fasziniert und inspiriert das: Von der typisch chinesischen Gasse mit ihren asiatischen Gesichtern und Gerüchen kommt man wenige Schritte weiter in eine ultramoderne Einkaufs-Mall. Ich war oft zu Fuß und mit der Tram in der Stadt unterwegs. Ich habe es geliebt, mich dem Tempo der Einheimischen anzupassen, wie sie ameisengleich in der Rushhour unterwegs waren. Sind Hongkong, New York, Tokio oder Shanghai Städte mit hohem Lebenstempo, dann ist die Schweiz, wo ich jetzt lebe, vergleichsweise langsam. Alles braucht etwas länger Zeit und man muss sich in Geduld üben.

Wo auch immer wir hinkommen: Das vorherrschende Tempo beeinflusst unser Wohlbefinden und unsere Stimmung. Wir stecken immer in einem System und agieren bewusst oder unbewusst mit.

Jetzt sind Sie wieder dran:

- Schreiben Sie sich das Umfeld auf, in dem Sie die meiste Zeit verbringen. Zum Beispiel: 1. Meine Wohnung, 2. Meine Arbeitsstelle, 3. Das Fitness-Studio: Mit welchen drei Eigenschaftswörtern beschreiben Sie jeweils die Zeitqualität dieser Lebensräume? Bewerten Sie anschließend kurz, wie gut Ihnen das gefällt.
- Denken Sie an Menschen, mit denen Sie häufiger zusammentreffen, ganz unabhängig davon, ob Sie diese Personen gut kennen oder mögen (das kann auch der Nachbar oder die Kassiererin im Supermarkt sein): Welche Menschen inspirieren oder nerven Sie mit ihrem Tempo? Und warum?
- Wo haben Sie sich bisher auf Ihren Reisen am wohlsten gefühlt? Was hat das mit Ihrem Lebenstempo zu tun?

Unsere Lebensweise

Natürlich beeinflussen nicht nur andere Menschen und Orte unser Lebenstempo. Wie wir unser Leben gestalten, hat eine große Bedeutung für unseren Lebensrhythmus. Zum Beispiel: Sind Sie Frühaufsteher oder Langschläfer? Sind Sie ein „Drinnen-" oder ein „Draußen"-Mensch? Die einen sind Stubenhocker, die anderen können nicht genug frische Luft kriegen. Können sich die einen genüsslich mit einem Buch auf die Couch verziehen, summen bei den anderen die Hummeln im Po. Sie müssen raus, wandern, joggen oder Fahrrad fahren.

Und schon sind wir beim Tempo. Unsere Lebensweise ist ganz deutlich zu erkennen in der Art und Weise, wie wir uns fortbewegen. Die einen lieben es schnell und können ohne Auto gar nicht. Andere lieben es, mit dem Fahrrad unterwegs zu sein. Carsharing ist eine prima Alternative. Fliegt man eine Strecke von 400 Kilometern oder nimmt man den Zug?

Die einen pilgern in ihrem Urlaub oder wandern, andere unternehmen eine Kulturreise oder einen Abenteuerurlaub. Es macht einen Unterschied im Tempoverhalten, ob man an die Costa Brava, auf die Insel Föhr oder auf die Alm in 2000 Höhenmeter reist.

Auch zeitintensive Hobbys sind nicht zu unterschätzen und beeinflussen unser Lebenstempo beträchtlich. Da geht schon mal ein ganzer Tag oder ein ganzes Wochenende „ins Land". Man muss sich vorbereiten, entsprechendes Zubehör anschaffen, trainieren und gegebenenfalls nachbereiten und aufräumen. Vielleicht haben Sie sich auch für ein Ehrenamt entschieden, das Sie oft abends oder am Wochenende zusätzlich beansprucht.

Sogar darin, wie (und was) wir essen, zeigt sich unser Lebenstempo und die Prioritäten, die wir für uns selbst setzen. Hinter der Frage, „wie" wir unser Leben gestalten, steckt oft die Frage, ob wir damit zufrieden sind. Manchmal möchte man das Rad zurückdrehen und die Dinge anders machen können.

Wie sieht es bei Ihnen aus?

- Wie zufrieden bin ich mit meiner Art zu leben?
- Bin ich mit meiner Lebensgeschwindigkeit einverstanden?
- Fällt mir spontan etwas ein, das ich in puncto Zeit nicht so gut finde, zum Beispiel etwas, das (mittlerweile) zu sehr mein Leben diktiert, was Inhalte oder Tempo angeht? Was ist das und wie denke ich darüber?

Die Gesellschaft wird schneller

„Früher habe ich nach Feierabend in der S-Bahn ein Buch gelesen. Heute beantworte ich E-Mails", so schildert es mir die Personalleiterin einer großen Frankfurter Bank. Sie schaut dabei nicht sehr glücklich. Auch der Blackberry meines Mannes fiept nicht nur abends, sondern auch am Wochenende. Ständig ist er auf Empfang. Man ist online, stets präsent und immer im Kontakt. Das ist anstrengend und raubt Energien. Unternehmen erwarten von ihren Mitarbeitern unbegrenzte Erreichbarkeit. Arbeitszeit verschwimmt mit der Feierabendzeit. Echte Erholung wird rar und bekommt nur kleine Zeitfenster.

Im internationalen Kontakt erwartet man schnelle Response-Zeit auf Anfragen im Internet und auf E-Mails. Termine für Meetings, Konferenz- oder Telefongespräche werden verschoben, nicht eingehalten oder ganz abgesagt. Rasches und flexibles Umschalten auf veränderte Gegebenheiten und kreatives Reaktionsvermögen wird heute gefordert. Dazu gehört auch, dass Unternehmensfusionen heute an der Tagesordnung sind. Change-Management ist in aller Munde: Den Wandel zu gestalten fällt allerdings nicht immer leicht.

Das Verrückte ist, dass wir uns alle mit dieser schleichenden Entwicklung verändern. Erinnern Sie sich noch an die Zeit, bevor jeder ein Handy hatte? Man rief an, sprach auf Band und wartete auf einen Rückruf. Bei Verabredungen ging man früher los, damit man pünktlich da war. Jetzt wird oft kurz vor knapp eine SMS geschickt: „komme später". Früher hat man im Geschäftsleben einen Brief verschickt und wusste: Der braucht jetzt einen oder zwei Tage, bis er dort ist. Ich bekomme frühestens in drei Tagen Antwort. Jetzt schickt man eine E-Mail und trommelt mit den Fingern, wann endlich eine Antwort kommt.

Die Geschwindigkeit innerhalb der Gesellschaft hat in den letzten Jahrzehnten stetig zugenommen, und wir passen uns an, auch wenn uns das gar nicht immer bewusst ist! Die Entwicklung der Technik spielt dabei eine große Rolle.

Bitte schreiben Sie in Ihr Tagebuch:

- Wenn Sie Ihr bisheriges Leben Revue passieren lassen: Wo(durch) hat sich Ihr Tempo beschleunigt? Finden Sie das gut oder eher nicht so gut – warum?
- Wie denken Sie über Erreichbarkeit?
- Welche mobilen Geräte haben Sie selbst im Einsatz? Reflektieren Sie, wie Sie damit umgehen. Sind Sie rundum zufrieden damit oder fühlen Sie sich manchmal gedrängelt oder unter Druck?

Ihre Lebenstempo-Selbsteinschätzung

Wenn Sie sich alle Fragen im ersten Kapitel bereits vorgeknöpft haben, dann haben Sie schon einen beachtlichen Erkenntnisschatz gewonnen, wie Sie Ihre Zeitqualität und Ihr Lebenstempo bisher einschätzen. Sie kennen außerdem bereits einige Knackpunkte, die Sie auf unerwünschte Weise beeinflussen – oder bisher einfach noch nicht aktiv verändert haben. Haben Sie die Fragen bisher übersprungen? Dann kommen Sie bitte unbedingt noch mal darauf zurück, bevor Sie das Buch weiterlesen.

Hier kommt ein Selbst-Test in drei Teilen, mit dem Sie das Lebenstempo etablieren können, das wirklich gut für Sie ist.

Selbst-Test: Ihr allgemeines Lebenstempo

1. Teil: Lassen Sie uns zum Auftakt etwas Spaß haben:

■ „Wenn ich ein Tier wäre, wäre ich ..."

☐

... ein Bär:
Ich habe es gerne gemütlich, bin bedächtig und kann auch mal fünfe gerade sein lassen. Nur keine Hektik! Ich brauche keinen Trubel.

☐

... ein Adler:
Mir ist Überblick wichtig. Ich ziehe meine Kreise und kann laaaange warten, bis ich mich für etwas entscheide und den nächsten Schritt tue.

☐

... ein Löwe:
Ich bin wach, konzentriert und reagiere schnell, wenn es sein muss. Dabei konzentriere ich mich auf das Wesentliche und vergeude nie Kraft und Energie.

☐

... eine Gazelle:
Ich fühle mich immer irgendwie unter Strom, flitze mal hierhin und mal dorthin. Ich kann gar nicht anders. Dauernd scharre ich ungeduldig mit den Hufen.

... ein Gepard:
Ich bin schnell in allem, was ich tue. Ich tippe schnell, esse schnell, gehe schnell. Alles, was mich in Ruhe versetzen könnte, macht mich aggressiv (Yoga usw.).

... ein Maulwurf:
Ich bin sehr fokussiert und vergrabe mich gerne in eine aktuelle Aufgabe. Dann habe ich manchmal einen regelrechten Tunnelblick. Störungen mag ich nicht.

... ein Hase:
Mit sehr viel Energie und riesigen Sprüngen hüpfe ich durch mein Leben. Meine Energie kann ich gut einteilen und schlage gerne jederzeit einen Haken.

... ein Chamäleon:
Ich passe mich immer dem an, was gerade angesagt ist: mal langsam, mal schnell. Mir ist alles recht, darum bringt mich Tempowechsel nie aus dem Konzept.

Seien Sie ganz locker mit diesen Fragen: Vielleicht finden Sie sich in verschiedenen Tieren wieder: Dann kreuzen Sie alle an, die zutreffend sind. Vielleicht sind Sie auch eine Kreuzung, zum Beispiel ein seltener Gazellenbär oder eine Maulwurflöwin.

Beschreiben Sie das Tier, das Ihnen am meisten entspricht, und Ihre eigene Definition:

Wenn ich ein Tier wäre, würde ich mich als

beschreiben, weil:

■ „Wenn ich Musik wäre ..."
Wären Sie eine Oper, ein Rocksong oder ein Chanson? Eine Sonate, Salsa oder eine Hymne? Vielleicht charakterisieren Sie sich als jazzige Jam-Session, ordnen sich in getragenes Moll oder flippigen Hip-Hop ein. Möglicherweise kommt Ihnen auch ein spezifisches Musikstück in den Sinn, das Ihr Tempo und Ihre Eigenarten perfekt abbildet:

Wenn ich ein Musikstück oder eine Musikrichtung wäre, würde ich mich als

beschreiben, weil:

■ „Wenn ich ein Ort wäre ..."
Wären Sie eine kochende Weltmetropole oder ein stiller Bergsee? Oder finden Sie Ihr Tempo und eine damit verbundene Lebensart in einem bestimmten Land wieder?

Wenn ich ein Ort wäre, würde ich mich als

beschreiben, weil:

■ **Mein Motto, Lieblingszitat oder meine Lebensweisheit**

Gibt es ein Motto, eine Lebensweisheit, die etwas über Ihr Lebenstempo erzählt? Vielleicht handeln Sie nach „Was weg ist, ist weg" oder nach „Gut Ding will Weile haben". Manchmal liegt einem ein bestimmtes Zitat ganz besonders am Herzen, weil es der eigenen Lebensphilosophie entspricht.

Mein Motto, meine Lebensweisheit oder mein Lieblingszitat ist:

_____

_____

_____

■ **Was liegt mir?**

Denken Sie jetzt nicht groß nach, sondern kreuzen Sie einfach pro Zeile spontan den Begriff an, der Ihnen am angenehmsten ist:

☐ nacheinander	☐ gleichzeitig	☐ durcheinander
☐ ad hoc	☐ noch mal drüber schlafen	☐ Ich weiß nicht …
☐ Na klar!	☐ vielleicht	☐ Lieber nicht.
☐ Lieber ich.	☐ Lieber du.	☐ Lieber das Schicksal.

2. Teil: Jetzt betrachten wir Ihr Lebenstempo differenziert:

Das Lebenstempo kann je nach Bereich unterschiedlich ausfallen: So kann es sein, dass Sie beruflich ständig in Hektik sind, aber im Privatleben das Tempo gemäßigter ist oder umgekehrt. Das ist natürlich noch nicht alles: Ihr Naturell spielt ebenfalls eine Rolle!

■ Bitte reflektieren Sie nun noch einmal Ihre vorherigen Einträge in Ihrem Tagebuch zu Beruf, Privatleben und Lebensweise und ordnen Sie dann wieder ein Lebenstempo auf der Skala zu.

■ Wenden Sie sich anschließend der Ja/Nein-Spalte zu: Wie zufrieden sind Sie mit diesem Tempo? Entspricht es Ihrem Naturell? Dann kreuzen Sie ein „Ja" an. Läuft Ihnen die Zeit zu schnell in einem der Bereiche, was Ihnen so gar nicht entspricht, kreuzen Sie ein „Nein" an. Bestimmen Sie dann anhand der Pfeile, ob Sie das Tempo lieber hinauf- oder heruntersetzen möchten.

Hinweise zu Ihrem Naturell finden Sie besonders in Ihren Antworten aus dem Bereich „Andere Menschen und Orte geben den Takt vor".

	sehr langsam ⟵⟶ sehr schnell	Entspricht meinem Naturell Ja Nein	mehr	weniger
Beruf	1 2 3 4 5 6 7 8 9 10	☐ ☐	↑	↓
Privatleben	1 2 3 4 5 6 7 8 9 10	☐ ☐	↑	↓
Lebensweise	1 2 3 4 5 6 7 8 9 10	☐ ☐	↑	↓

Zum Beispiel: Sie bewerten das Tempo im Beruf mit „9", weil es immer sehr hektisch zugeht, jeder andauernd etwas von Ihnen will und ständig alles schnell erledigt werden muss. Damit kommen Sie zwar zurecht, aber eigentlich sind Sie ein besonnener Mensch. Dann würden Sie ein „Nein" ankreuzen, weil es nicht Ihrem Naturell entspricht (auch wenn Sie sich anpassen können). Und Sie werden den Pfeil nach unten umringeln, weil Sie, wenn Sie es sich aussuchen könnten, das berufliche Tempo gerne herunterfahren würden.

3. Teil: Sind Sie eher Zeitmanager oder Zeitopfer?

Jetzt wenden wir uns der Fremd- und Selbstbestimmung zu. Je selbstbestimmter Sie sind, desto mehr sind Sie der Manager Ihrer Zeit und Ihres Tempos – auch wenn Sie nicht zu 100 % darüber bestimmen können.

Sie haben sich bereits qualitative Antworten darüber gegeben, wie es um die Selbst- und Fremdbestimmung steht. Lesen Sie Ihre Erkenntnisse darüber nach und ordnen Sie nun noch einmal im Überblick ein:

Beruf	Privatleben	Andere Menschen	Internet und Co.

Kreuzen Sie jeweils an, ob Sie in diesem Bereich selbstbestimmt oder fremdbestimmt sind.

Beruf	Privatleben	Andere Menschen	Internet und Co.
☐ selbstbestimmt	☐ selbstbestimmt	☐ selbstbestimmt	☐ selbstbestimmt
☐ mal so/mal so	☐ mal so/mal so	☐ mal so/mal so	☐ mal so/mal so
☐ fremdbestimmt	☐ fremdbestimmt	☐ fremdbestimmt	☐ fremdbestimmt

Wenn Sie mal so/mal so oder fremdbestimmt angekreuzt haben: Wer oder was bestimmt über Ihre Zeit?

Notieren Sie konkrete Baustellen pro Bereich:

Das ist eine erste Bestandsaufnahme: Eine Baustelle kann ein grundsätzliches Problem sein, zum Beispiel, dass Sie nur ein Familienauto haben und ständig alle herumkutschieren müssen. Es kann aber auch Ihre eigene Passivität sein, z. B. wenn Sie nicht „in die Puschen kommen" oder andererseits dauernd „Hier!" schreien, obwohl Sie lieber auch mal „Nein" sagen würden.

Flow-Erlebnisse

„Ich fühle mich ganz im Flow", „Ich bin im siebten Himmel", „Ich könnte die ganze Welt umarmen!" – in solchen Momenten erscheint das Leben in einem wunderbaren Licht. Wenn wir uns im Flow fühlen, erleben wir Leichtigkeit. Jedes Problem scheint lösbar und jedes Ziel ist erreichbar. Kein Wunder, dass wir danach streben, Flow-Zustände herbeizuführen.

Doch wo kommt der Begriff eigentlich her und was bedeutet er genau? „Flow" kommt aus dem Englischen und heißt übersetzt „fließen, rinnen, strömen". Es bezeichnet das Gefühl der völligen Vertiefung und des Aufgehens in einer Tätigkeit. Bereits in den 70er-Jahren hat Mihály Csíkszentmihályi, Professor der Psychologie, die Flow-Theorie entwickelt. Damit ist gemeint, dass wir voll und ganz in einer Tätigkeit aufgehen, regelrecht darin versinken. Wir verlieren das Gefühl für Raum und Zeit, sind ganz in unserem Element, vollkommen konzentriert. In diesen besonderen Momenten sind wir nie über- oder unterfordert, wir fühlen uns großartig und laufen oft sogar zur Höchstform auf. Während solcher „Flow-Zeiten" stellen wir weder an uns noch an andere eine Forderung. Wir fühlen uns einerseits frei und doch eingebunden. Ganz im Lot. Interessant dabei: Dies ist körperlich über die Herzfrequenz messbar. Atmung, Blutdruck und Herzschlag sind in Harmonie. Unsere Gefühle, Gedanken und Glückshormone spielen dabei eine unmittelbare Rolle und beeinflussen sich gegenseitig.

Jeder Mensch hat seine ganz persönliche Flow-Erfahrung. Es gibt also keine verallgemeinernde Voraussetzung für ein Flow-Muster. Ich kann Ihnen deshalb hier kein Rezept für diesen so glücklichen Zustand verraten. Typisch für das „Im-Fluss-Sein"-Gefühl ist:

- Man ist mit sich und der Welt im Reinen.
- Die erlebte Tätigkeit ist kreativ und mühelos.
- Man fühlt sich ganz im Hier und Jetzt. Stunden fließen im Nu dahin.
- Fühlen, Wollen und Denken sind in Übereinstimmung.
- Man ist frei von Sorge, Bedenken oder Angst.

Flow ist nicht erzwingbar. Aber wir können dafür sorgen, beste Voraussetzungen dafür zu schaffen. Ein ganz wichtiger Faktor dafür ist es, dass Sie nach Ihrem eigenen Lebenstempo streben.

Überlegen Sie:

- Kennen Sie das Gefühl, im Flow zu sein, aus eigener Erfahrung? Wann haben Sie sich zuletzt so gefühlt? Beschreiben Sie in Ihrem Tagebuch kurz die Situation(en).
- Wann sind Sie im Flow? Es kann sein, dass Sie schon sehr genau wissen, welche Tätigkeiten und Umstände dafür wichtig sind, dass Sie voll und ganz darin aufgehen und sich großartig fühlen.
- Wie fühlen Sie sich, wenn Sie im Flow sind?

Wenn Sie mit dem Flow ein wenig Ihre Mühe haben, weil Sie denken, Sie haben solche Erfahrungen noch nicht gemacht, dann keine Sorge! In den nächsten Kapiteln loten wir Ihre Zeitqualität gemeinsam intensiv aus. Sie können zu diesen Fragen auch nach der Lektüre des Buches noch einmal zurückkommen.

Haben Sie an dieser Stelle schon einige Flow-begünstigende Faktoren notiert, dann wunderbar:

Nehmen Sie sich Ihr Tagebuch gleich noch einmal vor und brainstormen Sie: Wie könnten Sie ab sofort dafür sorgen, diese Faktoren in Ihrem Alltag zu berücksichtigen?

Ziel-Skala: Mein ideales Lebenstempo

Jetzt haben Sie eine Idee, wie „mein Lebenstempo so tickt". Setzen Sie bitte hier abschließend Ihr Kreuz. Auf einer Skala von 1 bis 10 – wie langsam oder schnell – schätzen Sie Ihr momentanes Lebenstempo ein.

Ist-Skala

| Lebenstempo | 1 | 2 | 3 | 4 | 5 | 6 | 7 | 8 | 9 | 10 | 1 = sehr gemütlich |
| | | | | | | | | | | | 10 = rasend schnell |

Ziel-Skala

Wünschen Sie sich eine andere Lebensgeschwindigkeit? Schneller oder langsamer? Welches Tempo soll es zukünftig sein? Setzen Sie bitte hier Ihr Kreuz, bevor Sie weiterlesen.

| Lebenstempo | 1 | 2 | 3 | 4 | 5 | 6 | 7 | 8 | 9 | 10 | 1 = sehr gemütlich |
| | | | | | | | | | | | 10 = rasend schnell |

Was können Sie jetzt gleich tun, um einen kleinen Schritt in die gewünschte Richtung zu kommen?

2 Betrachte deine Persönlichkeit – wer oder was gibt dein Lebenstempo vor?

Auch wenn wir noch so sehr wissen, dass wir gegen unser Tempo leben, so ist die „Tatsache Alltag" eine feste Gegebenheit. Wir haben unsere Verpflichtungen, aus denen sich meist ein fester Tagesrhythmus ergibt. Oft genug fühlen wir uns total fremdbestimmt. Was sollen wir denn machen? Unsere Zeit wird eben von anderen mitbestimmt! Schnell übersehen wir dabei, dass wir auch in uns Boykottfaktoren haben. Bevor wir uns unseren verschiedenen beruflichen und privaten Rollen widmen, lohnt es sich, einen näheren Blick auf unsere Persönlichkeit zu richten. Denn hier stecken sowohl Motor als auch Handbremse, wenn es um mehr Selbstbestimmung geht:

- Gefühle treiben uns an, bremsen uns aus oder lassen uns in Lethargie versacken durch Ohnmacht, Unsicherheit, Wut, Ängste …
- Typische Stolpersteine sind außerdem zu hohe Erwartungen an uns selbst, dass wir oft unsere Grenzen nicht kennen oder sie nicht setzen.

Diese Themen sind komplex! Denn es sind die Auswirkungen unserer Persönlichkeit, ganz besonders fest verwurzelter Werte und Glaubenssätze. Es gibt kaum etwas, das unser aktuelles Lebenstempo mehr mitbestimmt als unsere inneren Antreiber und unser Selbstbild.

In diesem Kapitel stelle ich Ihnen zunächst einige interessante Modelle vor, mit denen Sie sich näher kennenlernen können, und wir widmen uns intensiv den Hüten auf Ihrem Kopf, also welchen Rollen Sie in Ihrem Leben gerecht werden wollen … und müssen.

Wie sind wir so geworden, wie wir sind?

Wenn Sie selbst Kinder haben oder sich in Ihrem Umfeld umsehen, dann wissen Sie: Schon die ganz Kleinen haben eine ganz eigene Persönlichkeit. Da sind die Entspannt-Ausgeglichenen, die schon in jungen Jahren nichts aus der Ruhe bringen kann. Es gibt die Temperamentvollen. Die, die schnell frustriert sind und denen nichts schnell genug gehen kann.

Jeder Mensch hat, wenn er auf die Welt kommt, eine eigene Persönlichkeitsstruktur. Die wird dann natürlich geprägt: durch unsere Eltern und unser Familienleben. Durch die Schule, Freunde und andere Personen, die uns prägen. Besonders als Kind und Jugendliche sind wir wahnsinnig stark zu beeindrucken, weil wir uns an anderen orientieren. Wir lernen, wie das Leben „funktioniert", welches Verhalten erwünscht scheint, und unser Selbstbild hängt stark davon ab, wie unser Umfeld auf uns reagiert. Kein Wunder, dass alles, was wir in diesen jungen, prägenden Jahren lernen, auch im Erwachsenenalter fest in uns verwurzelt ist. Idealerweise im positiven Sinne. Aber natürlich gibt es auch prägende Erfahrungen, die uns bis ins hohe Alter hinderlich sein können. Können. Nicht müssen! Denn das Schöne ist, dass wir die Dinge ändern können. Die Basis ist jedoch, sich selbst sehr gut zu kennen. Denn so können Sie das schätzen, was Sie bereits haben – und es positiv für Ihr Lebenstempo einsetzen. Und Sie erkennen mögliche Stolpersteine. Was man weiß, kann man auch anpacken. Seien Sie neugierig auf sich!

In diesem Kapitel bekommen Sie wieder einige Reflexionsübungen. Halten Sie Ihr Tagebuch also bereit!

Was für ein Kind waren Sie?

Erinnern Sie sich mal zurück: Waren Sie ein Drinnen- oder Draußen-Kind? Haben Sie lieber gelesen und gemalt oder haben Sie nach der Schule Ihren Ranzen in die Ecke gepfeffert und sind raus zu den Nachbarskindern, um mit ihnen Streiche im Freien auszuhecken? Waren Sie tonangebend und haben Ihre Freunde animiert oder haben Sie mitgespielt und sich eher den Vorschlägen anderer gebeugt? Haben Sie vor dem Haus Gummitwist gespielt oder konnte es nicht abwechslungs- und abenteuerreich genug sein?

Es ist sehr augenöffnend, im Erwachsenenalter mal zurückzuschauen: Die einen erkennen sich total wieder: „Ich war schon als Kind so!" – die anderen reiben sich erstaunt die Augen: „Hui, da hab ich mich aber geändert! Wie konnte das passieren?" Schauen Sie, ganz unabhängig davon, wie Sie Ihre Kindheit erlebt haben, mal auf Ihr junges Ich, auf Ihre Persönlichkeit und Ihre Vorlieben.

In diesem Zusammenhang möchte ich Ihnen vom Individualpsychologen Alfred Adler erzählen, dessen Thesen mich sehr inspiriert haben. Seine Grundüberzeugung war: Alles, was wir tun, hat ein Ziel, und unser Verhalten ist immer in Beziehung zu anderen Menschen zu betrachten – zum „Gemeinschaftsgefühl". Adler fragt nicht nach dem „Warum", sondern nach dem „Wozu": Wozu tue ich die Dinge? Welches unbewusste Lebensziel verfolge ich? Unbewusste Ziele können sein: das Streben nach Aufmerksamkeit, Erfolg, Macht, Liebe, Anerkennung. Darum widmen wir uns gleich auch noch den Werten, inneren Antreibern und Gefühlen.

Wie war Ihre Familienkonstellation?

Entlastend finde ich diese Wozu-Frage deshalb, weil sie sofortige Ansätze zur Veränderung bietet. Im Gegensatz zur Warum-Frage, bei der man sich zu sehr im Kreis dreht. Sehen wir uns dieses „Wozu" doch direkt in Verbindung mit der Geschwisterposition an: Sind Sie Erstgeborene/-r, Zweite/-r, Jüngste/-r, ein Einzelkind oder Mittlere/-r (Sandwichkind)?

Jede Rangposition bringt bestimmte prägende Kriterien in der sogenannten Familienkonstellation mit sich. Ich skizziere das Prinzip
grob, um Ihnen zu zeigen, dass auch der Status als Einzelkind bezie-
hungsweise die Geschwisterfolge sich prägend auf unsere Persönlichkeit auswirkt und damit auch darauf, wie wir als Erwachsene unser
Leben gestalten.

Einzelkinder ...

Einzelkinder wachsen mit den „großen Erwachsenen" auf. Sie müssen
nicht unbedingt verhätschelt und verzärtelt sein. Oft werden sie allerdings verwöhnt. Sie haben gelernt, mit Erwachsenen zu leben, und
wirken deshalb verglichen mit anderen Kindern oft altklug. Sie stehen
im Mittelpunkt, sind nie alleine und in der Schule sind sie eventuell
Klassenbeste/-r. Sie ziehen ältere und größere Spielgefährten den
gleichaltrigen vor. Beruflich tendieren sie zu Stabs- oder Fachaufga-
ben, in denen es weniger um Kommunikation als um das Sachgebiet
geht. Einzelkinder erleben übrigens im Gegensatz zu den Erstgebore-
nen nie eine „Entthronung".

... Erstgeborene ...

Ich bin das Erste von drei Mädchen und habe früh auf meine jüngeren
Schwestern aufgepasst. Deshalb fühlen sich Älteste schnell für das
Wohl der anderen verantwortlich. Mit dem nächsten Geschwisterkind
wird das Erstgeborene von der Position des Einzelkindes „entthront".
Es hatte bis jetzt die volle Aufmerksamkeit der Eltern. Ein typischer
Satz von Ältesten ist: „Früher war alles besser ... (als ich noch alleine
auf der Welt war)." Sie haben immer ein bisschen das Gefühl, dass
sie um ihren Platz „kämpfen" müssen. Erstgeborene halten gerne an
Traditionen und Werten fest und wirken deshalb konservativ. Da sie
früh Verantwortung getragen haben, sind sie meistens hervorragende
Berater, Verkäufer oder Führungspersönlichkeiten. Dabei nutzen sie
ihr ausgeprägtes Organisationstalent.

Wenn sich zwei Erstgeborene ineinander verlieben, rangeln sie immer
ein wenig um die Führung und wer denn nun recht hat. Da wird disku-

tiert und gefeilscht. Ich spreche aus eigener Erfahrung und erlebe es auch bei Freunden so. Getrennte Aufgabengebiete machen hier Sinn.

... Zweitgeborene ...

Von meiner Schwester weiß ich, dass sie „in die vorhandene Welt geschaut hat" und anders sein wollte als ich. Sie beschloss: So mache ich es nicht. Die Zweiten sind mutig und kämpfen ehrgeizig, um ihr Ziel zu erreichen. Sie haben einen Wegbereiter (das erstgeborene Kind) vor sich und sind sich ihres zweiten Platzes sicher. Zweitgeborene haben hochgesteckte Ziele, kämpfen (wollen den Ersten gerne überholen), darum streben sie auch im Beruf oft nach Unabhängigkeit und Selbstständigkeit. Sie forschen und entdecken gern.

Kommt ein jüngeres Geschwisterchen nach, wird es für die jetzt „Mittleren" meistens ungemütlich. Auch sie werden „entthront" und müssen nun die Aufmerksamkeit der Eltern mit dem Jüngsten teilen. Meist fühlen sie sich eingezwängt und hocken zwischen den Stühlen. Sie wissen nicht, wie sie es den Menschen recht machen können.

... und Nesthäkchen

Die Jüngsten werden nie „entthront". Sie werden als Nesthäkchen von der ganzen Familie verwöhnt. Sie erleben sich allerdings meist „klein und schwach" im Kreise ihrer „großen" Geschwister. Sie nutzen es geschickt aus und stellen andere in ihren Dienst, die ihnen gerne behilflich sind. Ihre soziale Intelligenz ist ausgeprägt. Beruflich tendieren sie zu kreativen und zu helfenden Aufgaben. Sie sind weniger selbstständig und brauchen Führung und Beachtung.

In einem Workshop vor vielen Jahren wurden Gruppen gebildet, eingeteilt nach Geschwisterposition. Es war sehr bestärkend, sich unter Gleichgesinnten über die eigenen Stärken und Schwächen auszutauschen. Jeder hat sich in seiner jeweiligen Geschwisterrolle verstanden gefühlt.

Lassen Sie mich noch ergänzen, dass es Adler wichtig war zu erklären, dass sich die biologische Geschwisterfolge durch familiäre Gegebenheiten verändern kann. Jedes Kind nimmt seine ganz eigene Position in der Familie, dem vorhandenen „Milieu", an. Erstgeborene werden manchmal von den Zweiten „überholt". Dann sprechen wir von „abgebrochenen Ältesten", die sich gelähmt fühlen und nicht aus ihrer Haut können. Jüngste können zu Einzelkindern werden, wenn der Abstand zum vorherigen Geschwisterkind größer als 7 Jahre ist. Besonders schwierig haben es „der einzige Junge" unter Mädchen bzw. „das einzige Mädchen" unter Jungen.

Bevor also eine Familienkonstellation interpretiert wird, muss die zeitliche Aufeinanderfolge der Kinder mit berücksichtigt werden.

Was fällt Ihnen zu Ihrem Kindheits-Ich ein?

Wie waren Sie früher, was erkennen Sie heute noch sehr stark – und wie haben Sie sich von Ihrer Persönlichkeit her verändert? Schreiben Sie Ihre Gedanken in Ihr Tagebuch. Oder zeichnen Sie! Vielleicht möchten Sie alle Ihre liebsten Hobbys oder Spiele mit Strichmännchen illustrieren oder haben Lust auf eine Collage zu Ihrer Kindheit. Haben Sie Spaß dabei, sich an Ihr kleines Ich zu erinnern!

Welche Grundausrichtung haben Sie (nach Riemann/Thomann)?

Eine Grundanlage ist es auch, ob man eher zu Kontinuität neigt oder die Abwechslung liebt. Im Laufe meines Lebens, aber auch während der Ausbildung zur Coach hat mich Fritz Riemanns Buch „Grundformen der Angst" und das daraus von Thomann entwickelte Modell geprägt und beeinflusst. Nach dem Psychoanalytiker Fritz Riemann und Psychologen Christoph Thomann gibt es vier Grundausrichtungen des Menschen:

Die Nähe-Ausrichtung	Die Distanz-Ausrichtung
Angst vor Unabhängigkeit und Alleinsein	Angst vor Nähe
Die Dauer-Ausrichtung	Die Wechsel-Ausrichtung
Angst vor Veränderung	Angst vor Stillstand

Das sieht auf dem Koordinatenkreuz mit der Zeit- und Raum-Achse so aus:

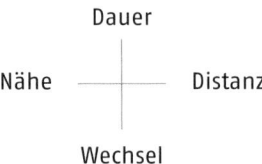

Vom Kreuzungspunkt gibt es vier Richtungen. Je stärker man sich zu der einen oder anderen Dimension hingezogen fühlt, umso weiter entfernt man sich vom Nullpunkt. Hier vereinen sich die vier Grundausrichtungen, von denen wir im Allgemeinen eine gesunde Mischung an gleichen Teilen haben.

Meistens tendiert unsere Persönlichkeit immer ein bisschen mehr in die eine oder in die andere Prägung. Sie sind also ein Nähe- oder Distanz-Typ einerseits und ein Dauer- oder Wechseltyp andererseits.

Bitte betrachten Sie das Modell wieder als eine Einladung, die eigene Persönlichkeit verstehen zu lernen. Das Modell gibt Orientierung, zeigt Stärken und Entwicklungsmöglichkeiten auf.

Dauer- und Wechsel-Typen

Die sogenannten „Dauer-Typen" brauchen klare Strukturen, Regelmäßigkeit, Pünktlichkeit, Verlässlichkeit und, wie die Typologie schon beschreibt: Bleibendes. „Am besten bleibt alles so, wie es ist." Veränderung bringt Chaos. Deshalb sind sie vorsichtig, aber auch vorausschauend, zuverlässig und vertrauenswürdig. Im Gegensatz dazu stehen die „Wechsel-Typen", die die Abwechslung und den „Zauber des Neuen" lieben. Geistig sind sie rege und springen von einem Thema zum nächsten. Sie sind begeisterungsfähig. Sie hassen Verträge, Sie vermeiden es, sich festzulegen, oder finden es schwierig, Termine pünktlich einzuhalten. Sie haben keine klare Linie und lassen sich schnell „verführen". Deshalb besteht die Gefahr, dass sie sich erschöpfen.

In Stresssituationen räumt der Wechsel-Typ die Wohnung nicht auf, sondern um, er malt die Wände bunt, färbt sich die Haare oder gestaltet einen Neuanfang. Dagegen der Dauer-Typ: Er beginnt aufzuräumen, zu strukturieren und zu organisieren. Fragt man Dauer-Typen, was sie an den Wechsel-Typen nervt, hört man häufig: „Veränderungen machen mich kirre. Ständig wechseln sie das Thema." Umgekehrt behaupten die Wechsel-Typen, dass sie festgefahrene Strukturen langweilig finden.

Und was bewundern sie am anderen? Dauer-Typen finden die Flexibilität ihres Gegenübers charmant. Sie sehnen sich nach etwas Neuem und nach Abwechslung, was aber Angst bereitet. „Es darf dauern" ist ein ermutigender erster Schritt in Richtung Veränderung.

So mancher Wechsel-Typ sehnt sich nach Beständigkeit, nach etwas Bleibendem und Tiefe im wahrsten Sinne des Wortes. Aber auch das ist mit Furcht besetzt. Die Angst, sich festzulegen, ist oft sehr ausgeprägt und bereitet unangenehme Gefühle: Man könnte etwas verpassen. Ein erster vorsichtiger Schritt geht in die Richtung: „Sowohl-als-auch" anstatt „Entweder-oder".

Nähe- und Distanz-Typen

Auf der waagerechten Achse finden wir die örtliche Dimension, zu der jeder Mensch seine Position findet: Nähe bzw. Distanz. Der „Nähe-Typ" umsorgt gerne andere Menschen, hilft ihnen und unterstützt sie. Er kann sich gut in andere einfühlen und nimmt sich Dinge zu Herzen. Es ist ihm wichtig, für das, was er ist und tut, wertgeschätzt und geliebt zu werden. Er denkt eher an die anderen als an sich selbst. Neinsagen ist schwierig, weil er ja gemocht werden will. In Krisen sucht er das Gespräch mit anderen Menschen, um Klarheit zu gewinnen. Körperkontakt ist wichtig: Das kann eine kleine Berührung am Arm sein oder ein warmes Schaumbad. Nähe-Menschen fassen Vertrauen, wenn sie sich verstanden fühlen. Der „Distanz-Typ" dagegen ist gern für sich. Er wirkt häufig abweisend und distanziert. „Alle wollen was von mir." Wenn er Stress hat, zieht er sich gern bei einem Spaziergang zurück und wälzt das Problem allein in seinem Kopf. „Das mache ich mit mir selber aus", ist seine Haltung. Als Bastler und/oder Bücherwurm findet er am besten wieder zu sich selbst. Er kann sich gut abgrenzen und Nein sagen. Distanz-Menschen sind sehr sensible Menschen und sehnen sich nach Nähe. Sie haben Angst, von ihren Gefühlen überrollt zu werden. Sie sind fachlich und sachlich versiert.

Jeder von uns hat natürlich nicht nur eine dieser Ausrichtungen, sondern alle Aspekte spielen eine Rolle. Und je nach Situation und Lebensphase ändert sich die Ausprägung auch. Dennoch hat jeder von uns gewisse Schwerpunkte, und dies ist auch keine Überraschung für Sie. Denn diese Grundausprägungen sind uns durchaus bekannt … aber nicht immer bewusst!

Ich finde: Dieses Modell bietet eine sehr schöne Gelegenheit, um sich einmal näher Gedanken darüber zu machen, wie Sie zu Nähe/Distanz und Veränderung/Routine stehen. Eine Selbsteinschätzung ist sehr erhellend, denn wie aktiv wir sind und wie beständig oder turbulent wir das Leben brauchen, ist ein weiterer starker Grundmotor, das passende Lebenstempo zu finden.

 Übertragen Sie das Koordinatenkreuz in Ihr Zeittagebuch. Machen Sie sich Gedanken und kreisen Sie Ihren aktuellen Standort ein.

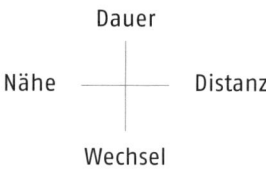

Wenn Sie in Ihren Kindheitserinnerungen große Unterschiede zum Erwachsenen-Ich festgestellt haben, tragen Sie mit einer anderen Farbe ein, wie es früher war. Auch das gibt Ihnen wertvollen weiteren Gedankenstoff, denn dann haben Sie ganz unterschiedliche Grundausrichtungen bereits gelebt und sozusagen „in sich".

Glaubenssätze und Werte

Gerne glauben wir, dass wir alles über den Verstand regeln können. Doch tatsächlich wird sehr viel von unserem Unterbewusstsein gesteuert. Das, was wir verinnerlicht haben, prägt unser Denken und unser Verhalten. Aus unserem Selbstbild und unseren Erfahrungen entstehen Werte und manifestieren sich Glaubenssätze. Das ist prinzipiell auch gut so! Denn solche unterliegenden festen Werte unterstützen uns. Sie bieten Orientierung, sie rechtfertigen unsere Sichtweisen, sie helfen uns, im privaten und beruflichen Leben zurechtzukommen.

Idealerweise sind diese Werte und Glaubenssätze hilfreich:

- Ehrlichkeit und Fairness sind mir wichtig.
- Wer weiß, wozu es gut ist!
- Das wird schon!
- Ich schaffe das.
- Ich habe schon ganz andere Dinge gemeistert!
- Ich bin mutig und geduldig.

Doch es gibt natürlich auch hinderliche Überzeugungen, die uns manchmal gar nicht so bewusst sind – und dadurch gehörig dazwischenfunken. Dann fühlen wir uns manchmal in eine ganz andere Richtung gezogen, als wir sie in voller Überzeugung eingeschlagen haben. Vielleicht haben Sie sich voller Ehrgeiz selbstständig gemacht, aber jetzt sitzen Sie kreuzunglücklich da, weil Sie innerlich total sicherheitsbedürftig sind und Sie die neue Situation unsicher in der Luft hängen lässt. Oder Sie möchten unbedingt etwas in Ihrem Leben verändern, aber schaffen es einfach nicht!

Negative Glaubenssätze über uns und unsere Situation können sein:

- Zuerst die Arbeit, dann das Spiel.
- Ich kann eh nichts.
- Ich bin zu dick/zu lahm/zu groß/zu klein/zu hässlich …
- Ich muss etwas Ordentliches lernen/studieren.
- Man zeigt keine Schwächen.
- Zeit darf man nicht verschwenden.
- Ich darf mich nur still freuen.
- Auf andere kann man sich nicht verlassen.

Oft kommen Sie solchen Überzeugungen übrigens auch auf die Schliche, wenn Sie sich überlegen, welche Sprüche und Überzeugungen in Ihrem Elternhaus üblich waren: Redewendungen, die Sie oft gehört haben, oder auch Überzeugungen anderer, zum Beispiel:

- Schreibtischarbeit ist keine richtige Arbeit.
- Für gute Ergebnisse muss man sich anstrengen.
- Es geht immer noch besser.

Wenn Sie sich nicht mehr erinnern, fragen Sie ruhig mal in der Familie nach und sammeln Sie gemeinsam.

Notieren Sie in Ihrem Lebenstempo-Tagebuch:

- Welche Werte sind Ihnen wichtig?
- Welche Sprüche haben Sie verinnerlicht? Welche Glaubenssätze sind Ihnen bewusst (auch was Ihr Selbstbild betrifft)?
- Wenn Sie in einer Beziehung leben oder eine eigene Familie haben: Welches Motto oder welche typischen Redewendungen fallen häufig?

Sammeln Sie eine Weile, da fällt Ihnen sicher über die nächsten Tage immer noch was ein. Überlegen Sie dann: Auf welche dieser Überzeugungen würden Sie gerne verzichten? Wodurch würden Sie sie lieber ersetzen?

Unsere unbewussten Antreiber

Sie wundern sich bestimmt manchmal, wieso Sie in bestimmten Situationen zu Verhaltensweisen neigen, über die Sie später den Kopf schütteln. Auch das liegt an unseren unterbewussten Überzeugungen. Diese Überzeugungen, die zum Beispiel durch unsere Werte und Glaubenssätze geprägt werden, manifestieren sich in inneren Antreibern. Das Konzept der Antreiber kommt aus der Transaktionsanalyse, einer vom Psychiater Eric Berne entwickelten tiefenpsychologischen Methode. Bernes Kollege Taibi Kahler hat die Antreiber 1977 das erste Mal beschrieben. Demnach geht es um Strategien, die ein Mensch entwickelt, um dem eigenen „Nicht-okay-Gefühl" zu entkommen. Die Illusion: Wenn ich dieses oder jenes tue und mich anstrenge oder auch lasse, dann bin ich (wieder) okay.

In der Regel sprechen wir von diesen fünf Antreibern:

- Sei perfekt!
- Beeil dich!
- Mach es anderen recht!
- Sei stark!
- Streng dich an!

Sehen wir uns diese fünf Antreiber einmal genauer an. Dabei werde ich mich auf die wichtigsten Merkmale und Aussagen beschränken.

■ **Der positive Kern. Die Ressource:**
Als Perfektionist hat man einen ausgesprochenen Sinn für die Voll-
kommenheit. Man ist bestens organisiert, begreift komplexe Zusam-
menhänge schnell. Perfektes Arbeiten ist in einigen Berufen unab-
dingbar. Denken Sie nur an Fluglotsen, Ärzte oder IT-Spezialisten. Auf
fehlerfreie Arbeit muss man sich verlassen können.

■ **Merkmale und Dynamik dieses Antreibertyps:**
Perfektionisten glauben, nicht liebenswert zu sein. Deshalb versuchen
sie, mit Leistung Anerkennung zu gewinnen. Sie rechtfertigen sich
häufig oder versuchen, Dinge noch besser und genauer zu machen.
Eine Arbeit wird mehrfach geprüft, bevor sie abgegeben wird. Es könnte ein Fehler drin sein.

■ **Die innere Überzeugung:**
Ich darf keine Fehler machen. Ich bin noch nicht gut genug. Ich bin
o. k., wenn ich perfekt bin.

■ **Erlauben Sie sich:**
Fehler machen ist erlaubt. Ich bin gut genug. Ich bin wertvoll, durch
das was ich bin. Ich lass mal fünfe gerade sein.

■ **Der positive Kern. Die Ressource:**
„Beeil-dich-Menschen" sind ständig in Bewegung und dauernd beschäftigt. Sie sind in der Lage, kurzfristig einen hohen Aktivitätslevel
zu entwickeln. Sie haben Erfolg. Sie sind schnell. Erledigen die Dinge
sofort. Multitasking bereitet ihnen großes Vergnügen.

■ **Merkmale und Dynamik dieses Antreibertyps:**
Menschen mit diesem Antreiber haben das Gefühl, nicht genügend
Zeit zu haben. Alles muss rasch und schnell erledigt werden. Man fühlt
sich ständig unter Strom und packt viel in die Zeit. Ruhe und Entspannung werden kaum realisiert und nur schwer ertragen. Die Gestik ver-
mittelt Ungeduld. Wörter wie „schnell, eben mal, kurz" vermitteln die
innere Unruhe und Hast. Unvorstellbar der Gedanke: In der Ruhe liegt
die Kraft.

■ **Die innere Überzeugung:**
Ich darf keine Zeit verschwenden. Niemand hat Zeit für mich und meine Interessen. Ich bin o. k., wenn ich mich beeile.

■ **Erlauben Sie sich:**
Ich nehme mir die Zeit, die ich brauche. Ich darf meinen Rhythmus berücksichtigen. Ich darf von mir erzählen. Mir hört jemand zu.

■ **Der positive Kern. Die Ressource:**
„Sei-gefällig-Menschen" können sich sensibel auf andere einstellen. Sie haben feine Antennen für deren Befindlichkeit, Bedürfnisse und unausgesprochenen Wünsche. Sie schaffen eine freundliche und beruhigende Atmosphäre.

■ **Merkmale und Dynamik dieses Antreibertyps:**
In Stresssituationen weiß ein Mensch mit diesem Antreiber nicht so recht, wer er ist. Er ist davon überzeugt, für andere Menschen uninteressant zu sein. Er zeigt nur wenig Kontur und hat wenig Selbstvertrauen. Eigene Bedürfnisse sind nicht präsent oder werden verleugnet. „Bloß kein Streit", ist die Devise. Der „Sei-gefällig-Mensch" kann sich schlecht abgrenzen.

■ **Die innere Überzeugung:**
Ich muss andere zufriedenstellen. Mit meiner Persönlichkeit werde ich nicht geschätzt. Ich bin o. k., wenn ich es anderen recht mache.

■ **Erlauben Sie sich:**
Meine Bedürfnisse und Wünsche sind wichtig. Ich darf mich anderen zumuten. Ich muss nicht jedermanns Liebling sein. Ich traue mich, Nein zu sagen und Grenzen zu setzen.

■ **Der positive Kern. Die Ressource:**
„Sei-stark-Menschen" sind äußerst robust und widerstandskräftig. Sie zeigen ihre kämpferische Natur, wenn es darum geht, Ziele und Projekte voranzubringen, auch wenn es schier unmöglich scheint. Im sportlichen Wettkampf zeigen sie Biss und können sich „quälen".

■ **Merkmale und Dynamik dieses Antreibertyps:**
„Bloß keine Gefühle zeigen." Menschen mit diesem Antreiber wollen Haltung bewahren. Sie befürchten, wenn sie sich emotional einlassen, die Kontrolle zu verlieren. Deshalb zeigen sie sich stark und unnahbar. Diese Menschen signalisieren: Ich komme alleine zurecht. „Ein Indianer kennt keinen Schmerz." Sie lösen ihre Probleme selbst.

■ **Die innere Überzeugung:**
Ich darf keine Schwäche zeigen. Ich bin o. k., wenn ich stark bin.

■ **Erlauben Sie sich:**
Ich darf mich so zeigen, wie ich bin. Ich darf mir helfen lassen. Ich bin mit meiner Art zu fühlen liebenswert. Ich darf vertrauen.

Antreiber: Streng dich an!

■ **Der positive Kern. Die Ressource:**
Die „Streng-dich-an-Menschen" fallen durch ihr Durchhaltevermö-gen und ihre Zähigkeit auf. Gerade Letzteres gepaart mit Mühsal kön-nen sie sogar still genießen. Sie verfolgen Aufgaben ausdauernd und mit Gründlichkeit.

■ **Merkmale und Dynamik dieses Antreibertyps:**
Es zählen nur Leistung und Fleiß – oft gepaart mit dem Zweifel, dass es tatsächlich gelingen wird. Das Resultat zählt nicht. Sich gehen lassen und den Erfolg genießen – geht gar nicht! Leichtigkeit und Freude sind den Menschen mit diesem Antreiber höchst suspekt und werden als oberflächlich empfunden. „In Anfangsphasen von Pro-jekten können sie sehr aktiv sein, doch wird nach und nach alles zur Mühsal. Sie ackern, solange der Boden noch gefroren ist, kommen aber nicht auf die Idee, reife Früchte zu pflücken." (Dr. Bernd Schmid, Systemisches Coaching, 2004)

■ **Die innere Überzeugung:**
Ich schaffe es nur, wenn ich mich (noch mehr) anstrenge. Die Mühe zählt, nicht die Leistung. Ich bin o. k., wenn ich mich anstrenge.

■ **Erlauben Sie sich:**
Meine Kraft gehört mir. Ich darf mich über Erreichtes freuen. Es darf auch leicht gehen. Ich darf es gelassen tun und beenden.

Na? Bestimmt haben Sie sich in einem – oder mehreren – der fünf Antreiber wiedererkannt. Schlagen Sie Ihr Tagebuch auf und notieren Sie, welche Antreiber besonders relevant für Sie sind und was Ihnen spontan dazu zu Ihrem Lebenstempo in den Sinn kommt.

Die innere Mannschaft hält auf Trab

Das „innere Team" ist ein Persönlichkeitsmodell des bekannten Psychologen Friedemann Schulz von Thun. Danach hat jeder so ein inneres Team. Genau wie am Arbeitsplatz gibt es in unserem Innern einen Teamleiter und verschiedene Teammitglieder. Der Teamleiter ist das „übergeordnete Ich", das alles zusammenhält und sich entweder dem, was Teammitglieder so sagen, beugt oder aktiv steuert. Hier schließt sich dann auch wieder der Kreis zu unseren inneren Antreibern, den Werten und Glaubenssätzen, die natürlich kräftig mitmischen bei diesen inneren Stimmen. Denn jedes dieser inneren Teammitglieder hat eine Botschaft, die Gedanken, Gefühle, Wünsche und Werte vertritt. Das sind sozusagen die zwei (oder mehr) Seelen, die oft in unserer Brust schlagen. Sie sind also völlig normal, wenn Sie sich immer mal wieder hin- und hergerissen fühlen.

Das innere Team im Alltag

Ein typisches Alltagsbeispiel illustriert diese oft gegensätzlichen inneren Stimmen und Bedürfnisse: Nehmen wir an, Ihre Kollegin ruft Sonntagnachmittag an und lädt sie für den Abend zum Essen ein. Sie haben sich dagegen gerade auf einen gemütlichen Fernsehabend auf der Couch eingestimmt und fühlen sich hin- und hergerissen.

Eine Ihrer inneren Stimmen – die Spontane – freut sich auf die Abwechslung und möchte die Einladung annehmen. Ein anderes Teammitglied fühlt sich geschmeichelt, dass die Kollegin sie einlädt. Es gibt aber noch zwei weitere Teammitglieder, die sich zu Wort melden: Der Gemütliche sagt: „Oh nein! Ich bleibe auf der Couch!" Und dann meldet sich auch noch die Genervte: „Die schon wieder, und das so kurzfristig, das hätte sie ja früher wissen können!"

Sogar in solchen banalen Alltagssituationen sind mehrere innere Teammitglieder aktiv. Sie fühlen sich hin- und hergerissen und werden nun eine Entscheidung abwägen. Es geht wie im richtigen Teamleben zu: Nicht immer ist man einer Meinung, sondern da wird durchaus gestritten, gefeilscht, überlegt und abgestimmt.

Natürlich gibt es je nach Persönlichkeit, den Beteiligten, der Situation und sogar Ihrer Tagesform ganz unterschiedliche Teammitglieder. Zum Beispiel: der Selbstbewusste, die Kritische, der Schuldbewusste, Dr. Allwissend, Herr Oberlehrer, die Freche, der Träge, die Verletzte, der Beleidigte.

Sie melden sich je nach Situation leise oder laut, früh oder spät. So manch innere Stimme mögen wir: zum Beispiel die, die uns Mut zuspricht oder zuversichtlich ist. Den inneren Stänkerer und die ewig Misstrauische sind dagegen oft nicht gern gesehen. Dabei sind gerade die Nörgler meist besonders laut.

Das innere Team im Job

Sehen wir uns ein weiteres Beispiel an, das über den normalen Alltag hinausgeht. Nehmen wir an, es steht ein Karriereschritt mit einem verbundenen Ortswechsel an. Das Karriere- und Globetrotter-Herz, das das Neue und das Reisen liebt, sehnt sich nach Veränderung. Das „Heimatverbundene Herz", das die geliebte Wohnung, den Freundeskreis und die Familie nicht verlassen mag, möchte weiter Wurzeln schlagen. Es hechelt dem Tempo des Globetrotters hinterher und fürchtet sich vor der einschneidenden Veränderung. Umgekehrt langweilt sich das reiselustige Herz neben dem statisch verwurzelten Heimat-Herz.

Jede dieser inneren Stimmen gehört zu Ihnen und will Ihnen etwas sagen. „Wer bin ich? Für was stehe ich? Für was schlägt mein Herz?"

Wenn sich unsere innere Mannschaft nicht einigt, kommt es zu einer Pattsituation. Nichts geht voran. Man fühlt sich dann wie gelähmt. Man merkt es an dem diffusen Gefühl in der Magengegend oder fühlt sich verschnupft. Manche rennen einfach los bzw. weg und stehen plötzlich im Wald und wissen nicht mehr ein noch aus.

Darum ist es wichtig, zu lernen, auf alle Stimmen zu hören, und nicht zu versuchen, sie zu ignorieren oder gar zu unterdrücken. Auch unsichere, übervorsichtige oder kritische Stimmen haben eine Botschaft. Ihr innerer Teamleiter ist sozusagen der Moderator, der zuhört, ernst nimmt, abwägt und dann eine Entscheidung in Ihrem Sinne trifft. Je mehr Sie sich Ihres inneren Teams bewusst werden, desto sicherer lernen Sie, Entscheidungen zu treffen, die zu Ihnen passen – natürlich auch in Bezug auf Ihre Lebensgestaltung und das Tempo, das Ihnen guttut.

Wenn Sie das nächste Mal vor einer Entscheidung stehen (vielleicht steht ja auch gerade eine an?), dann halten Sie einfach eine innere Teamsitzung ab und protokollieren Sie in Ihrem Tagebuch, wer sich wie zu Wort meldet. Geben Sie jedem Teammitglied einen treffenden Namen und schreiben Sie in wörtlicher Rede auf, was es sagt, zum Beispiel:

Die Bequeme: „Och nö. Nicht schon wieder alles durcheinander wirbeln!"
Der Abenteurer: „Au fein! Endlich mal wieder Abwechslung im Leben!"
Der Sicherheitsbedürftige: „Lass die Finger davon!"
Der Kritiker: „Das kannst du doch nicht. Das geht doch nicht."
Der Mahnende: „Hast du dir das gut überlegt? Was sagen die anderen dazu?"
Der Antreiber: „Wann geht's los? Mach mal voran!"

Denken Sie auch daran, dass sich vielleicht eine innere Stimme versteckt und nicht zeigt. Was hätte die gegebenenfalls zu sagen? Beachten Sie diese besonders.

Schwarz auf weiß können Sie viel ausgewogener mit den verschiedenen Stimmen umgehen und sie gegeneinander abwägen.

Es ist nun mal eine „menschliche Regel", dass zwei und mehr Herzen in unserer Brust schlagen … Bleiben Sie deshalb neugierig auf Ihre eigene innere Vielfalt. Nutzen Sie sie für Ihren Alltag. Wie im realen Leben kann sich Ihr inneres Team weiterentwickeln.

Henne oder Ei: Unsere Gefühle

Sie haben sich jetzt auf ganz unterschiedliche Weise Ihrem Innenleben angenähert. Alles läuft auf eines hinaus: auf unsere Gefühle. Gefühle bremsen uns aus, regen uns an, machen uns ohnmächtig, traurig oder glücklich. Manche Menschen zerspringen vor lauter Gefühl. Sie sprechen von einem Gefühlskarussell, wenn die Emotionen Achterbahn fahren. Emotionen steuern unser Verhalten, beeinflussen unsere Persönlichkeit und den Kontakt zu anderen Menschen. Wenn wir es zulassen, haben Gefühle eine gehörige Macht über uns.

Es ist eine Tatsache, dass jeder Mensch eine Grundemotion mitbringt: Die einen sind lebensfroh, neugierig und aktiv, andere sind traurig-depressiv und antriebsschwach. Damit lässt sich auch so manches Lebenstempo erklären. Man fühlt sich getrieben und gehetzt oder gelangweilt, lahm und erstarrt. Aber muss es so bleiben, wie es ist? Können wir wirklich nicht, wie wir wollen?

....

 Lehnen Sie sich einen Moment zurück, kommen Sie zur Ruhe und werden Sie sich Ihres Gefühls rund um Ihr Lebenstempo bewusst:

Ich fühle mich _____

Finden Sie einen Ausdruck, der es total trifft, z.B.

- getrieben, gepeitscht, gehetzt, hibbelig, unter Strom, verfolgt, unter Druck …
- unzufrieden, blockiert, eingeengt, unlustig, ausgebremst, übermüdet, unlustig …
- wie in den Startlöchern, bereit zum Aufbruch, ungeduldig …

- im Fluss, gelassen, cool, ausgeglichen, gelöst …
- spritzig, auf Wolke 7, leicht und locker, geerdet, angekommen …

In einem Coachinggespräch würde ich jetzt noch weiterfragen: „Woran merken Sie, dass Sie sich … fühlen?" Es gibt auf jeden Fall kein Nicht-Gefühl. Eher ein „Nichts-fühlen-Können". In diesem Fall können wir unsere körperliche Befindlichkeit um Unterstützung bitten. Körperliche Symptome helfen, sich der eigenen Gefühle bewusst zu werden. Unsere Organe sind oft Seismografen, auf die wir uns verlassen können. Manchmal fühlt sich unser Bauch verkrampft an. An einem anderen Tag schlägt das Herz ruhig und regelmäßig. Ein verkrampfter Magen kann auf die eigene Wut oder Ungeduld hindeuten. Ein ruhig schlagendes Herz auf Wohlbefinden und Zufriedenheit. Nicht umsonst heißt es: In der Ruhe liegt die Kraft.

Manche Menschen brauchen nur einen schönen Gedanken, das Lächeln eines Fremden oder den Anblick einer Sommerwiese, um gute Gefühle in sich zu wecken. Andere benötigen einen Kick, um sich zu spüren. Sie rasen auf der Autobahn oder geben sich der Geschwindigkeit beim Skifahren hin. Andere vertrauen dem Wind beim Surfen, wieder andere quälen sich mit ihrem Fahrrad die Alpenpässe hoch. Mit diesen Gefühlen kommen sie in eine Hochstimmung, könnten die ganze Welt umarmen.

Unangenehme Gefühle will man am liebsten verdrängen: wenn das schlechte Gewissen plagt, wenn man peinlich berührt ist oder sich schuldig fühlt. Es gibt Menschen, die haben sich nach außen hin gut unter Kontrolle, zeigen uns ihr Pokerface. Innerlich aber schäumen sie vor Wut oder fühlen sich benachteiligt. Auf Dauer kostet das ganz schön Energie. Im schlimmsten Fall wird man krank. Je mehr man aber unwillkommene Gefühle ins Aus manövriert, umso vehementer rollen sie zurück aufs Lebensspielfeld. Unaufhaltsam wie ein Tsunami. Dann erlebt man plötzlich einen Wutausbruch, oder die Tränen fließen in Strömen und die Nerven liegen blank, und wir müssen fürchten, ausgelacht, gemobbt oder ignoriert zu werden.

Weil wir diese für uns kaum auszuhaltenden Gefühle nicht (wieder) erleben wollen, haben wir Überlebensstrategien entwickelt. Das ist ziemlich normal und auch liebenswert. Erst wenn wir das durchschaut haben, können wir die Parameter für unser Lebenstempo neu justieren.

Es ist wie die Frage nach dem Huhn und dem Ei. Was ist zuerst da? Sind es zuerst die Gefühle, die unsere Gedanken beeinflussen, oder lassen uns unsere Gedanken Gefühle empfinden?

Beides bedingt sich. Wir können unsere Persönlichkeit nicht komplett umkrempeln, aber wir können sehr wohl lernen, uns besser zu durchschauen und mit unseren Gefühlen besser umzugehen. Sie sind ja bereits mittendrin, sich Ihrer Gedanken und Wünsche für Ihr Leben bewusst zu werden – und Veränderungen einzuleiten!

Die verschiedenen Hüte auf unserem Kopf

In einer aktuellen Frauenzeitschrift lese ich, wie eine junge Frau sich aufgerieben fühlt zwischen ihrer eigenen Mutterrolle und ihrer Tochterrolle. Neben ihren noch kleinen Töchtern kümmert sie sich liebevoll um ihre alte Mutter.

Auch Sie kennen sicher jemanden, auf dessen Kopf eine Vielzahl „Hüte" thronen. Ein Bekannter, an den ich gerade denke, balanciert wie ein Jongleur mit den verschiedenen Rollen in seinem Leben. Sie können sich vorstellen, dass das einerseits viel Lebensenergie gibt, andererseits aber auch viel Kraft kostet. Ich frage mich manchmal, ob dieser Mensch wirklich dauerhaft auf allen Hochzeiten tanzen muss. Was könnte er davon haben? Aufmerksamkeit? Das Gefühl von Wichtigkeit? Positiven Stress? Anerkennung, Liebe? Einen guten Ruf? Bestimmt wenig Zeit für Ruhephasen ...

Wir spielen alle unsere Rollen

Es ist eine Tatsache, dass wir in unserem Alltag in verschiedene Rollen schlüpfen. Wir spielen mit ihnen Haupt- oder Nebenrollen im Berufsleben genauso wie im privaten Bereich. Die Hauptrollen erfordern unsere volle Aufmerksamkeit. Sie füllen einen großen Teil unserer Zeit aus. Manchmal müssen wir auf verschiedenen Bühnen gleichzeitig „spielen". Dann wieder tragen wir einen Hut nach dem anderen. Mit dem einen haben wir eine tragende Rolle, mit dem anderen eine Nebenrolle. Diese muss nur hin und wieder bedient oder erfüllt werden.

Manche Rollen erfüllen uns von ganzem Herzen. Wir fühlen uns wohl in unserer Haut. Andere greifen an unsere Substanz und wir würden sie gerne abstreifen. Das ist manchmal leichter gesagt als getan. Denn eine Mutter- oder Tochterrolle kann man nicht so einfach ablegen wie ein Kostüm. Den Tochter- oder Sohn-Hut tragen wir ein Leben lang. Manchmal halten einen auch die Nebenrollen ganz schön in der Pflicht. Wer schon einmal einem Verein als Präsident oder Kassenwart vorgestanden hat, weiß, wie schwer es ist, hier auszusteigen.

Rollen haben mit Gegebenheiten zu tun – Eltern-Sein, Berufsrolle, Ernährer-Rolle, Ehepartner-Sein –, aber auch mit unseren inneren Werten und Antreibern. Wenn uns Verantwortung und Sicherheit wichtig sind, suchen wir uns entsprechende Rollen, in denen diese Werte erfüllt werden.

Manchmal treten Lebensumstände ein, die uns in Rollen zwingen, die neu sind für uns. Dann fühlen wir uns oft ohnmächtig oder auch überfordert. Dann kostet das erstmal eine Menge Energie, um damit zurechtzukommen.

Manchmal verkleiden wir uns auch in einer Rolle. Dann verstecken wir uns. Wir tun so, als ob. Dann sind wir entweder Optimist oder Lebensclown. Egal welchen Pokerface-Hut wir tragen – wenn wir gegen das leben, was wir innerlich fühlen oder sind, kostet es auf jeden Fall Kraft, diese Fassade aufrechtzuerhalten.

Da die möglichen Rollen so vielfältig sind, konzentrieren wir uns hier auf die Rollen, die mit Zeit und Verpflichtung zu tun haben. Denen Sie gerecht werden wollen oder müssen, weil sie fester Bestandteil Ihres Lebens sind und damit natürlich auch über das Tempo mitbestimmen.

Überlegen Sie, welche Hüte Sie aufhaben, welche Rollen sie in Ihrem Leben spielen.

Schritt 1. Welche Rollen fülle ich zurzeit regelmäßig aus?

Zeichnen Sie in Ihr Lebenstempo-Tagebuch pro Rolle einen eigenen Hut und schreiben Sie daneben, welcher Hut das ist:

Meine Rolle/n im Privatleben:

■ Mutter- oder Vater-Rolle

■ Partner/-in-Rolle

■ Tochter- oder Sohn-Rolle

■ Freund/-in-Rolle

… (Ergänzen Sie weitere Hüte, die Sie im Privatleben tragen, z.B. wenn Sie sich in einem Sportverein engagieren, im Elternbeirat sind oder eine maßgebliche Rolle im Leben eines Verwandten einnehmen.)

Meine Rolle/n im Berufsleben:

■ Chef/-in-Rolle/selbstständig

■ (Team-)Kollegen-Rolle

■ Mitarbeiter-Rolle

■ Bezugsperson für meine Kunden

… (Ergänzen Sie weitere Hüte, die Sie im Berufsleben tragen, z.B. Netzwerker/-in, Internetpersönlichkeit …)

Reflektieren Sie intensiv darüber, was eine richtige eigene Rolle für Sie ist. Es geht nicht darum, alles aufzunehmen, was Sie privat und beruflich so tun, sondern wirklich darum, Ihre verschiedenen bedeutenden Funktionen wahrzunehmen, denen Sie gerecht werden müssen und wollen.

Schritt 2. Gehen Sie Ihre Rollen nun einzeln durch:

Achten Sie zunächst auf die **Quantität:**

■ **Haben Sie sehr viele Hüte gezeichnet?**
Das ist ein Indiz dafür, dass Sie sich zu viel aufgebürdet haben. Gibt es einen Überhang, also zum Beispiel sehr viele Hüte im Beruf? Dann nehmen Sie das zum Anlass, Ihre Lebensbalance anhand Ihrer Hüte zu überprüfen: Ist die Verteilung prinzipiell so, wie Sie sich das wünschen?

■ **Haben Sie sehr wenige Hüte gezeichnet?**
Das kann bedeuten, dass Sie es versäumt haben, bestimmte Rollen einzutragen. Überlegen Sie noch einmal, womit Sie Ihre Zeit genau verbringen, welche Menschen etwas von Ihnen möchten oder welchen Menschen gegenüber Sie oft ein schlechtes Gewissen haben. Sehr wenige Hüte kann auch ein Hinweis darauf sein, dass etwas in Ihrem Leben fehlt. Vielleicht haben Sie sich so in die Arbeit vertieft, dass Sie momentan keine Freunde haben.

Nun widmen Sie sich der **Qualität** der einzelnen Rollen:

Zeichnen Sie in Ihrem Tagebuch den jeweiligen Hut ein, beschriften Sie ihn:

_____ (z.B. Elternbeirat-Hut)

und schreiben Sie dann darunter:
Ich nehme diese Rolle
■ gerne
■ eigentlich gerne
■ ungerne
■ überhaupt nicht gerne ein,

weil _____

_____

_____

Ergänzen Sie dann alle weiteren Gedanken zu dieser Rolle. Es könnte z. B. sein, dass Sie eine Rolle eigentlich gerne ausfüllen, weil sie Ihnen sehr wichtig ist, aber die Einschränkung daher kommt, dass Sie unsicher sind, ihr gerecht zu werden:

Schritt 3. Welche Rollen sind Ihnen die wichtigsten?

Notieren Sie nach dieser Analyse jetzt die Hüte, die Ihnen wichtig sind. Das können welche sein, die Sie bereits innehaben. Es können aber auch neue Rollen sein, die Sie gerne neu in Ihr Leben integrieren würden.

Streichen Sie die Hüte durch, auf die Sie künftig verzichten möchten.

Umkringeln Sie die neuen Hüte. Diese verlangen Ihren Fokus.
Nun haben Sie Ihre Hüte gesammelt und benannt. In Kapitel 5 geht es dann um die zeitliche Dimension, die jeder Hut „beansprucht", d.h. in Ihrem Leben ausfüllt.

Gratuliere! Wenn Sie dieses Kapitel durchgearbeitet haben und jetzt auch Ihre Rollen bewertet und neu gewählt haben, sind Sie bereit dafür, Ihr Lebenstempo in Ihrem Sinne zu verbessern. Da der Entschluss alleine aber nicht ausreicht – zumal wir ja alle unsere Gewohnheiten haben –, lernen Sie in den nächsten zwei Kapiteln, welche Temporegler es gibt und wie Sie diese bedienen können.

Sei dein eigener Tempogeber – 3 Regler, um die Lebensgeschwindigkeit zu steuern

Eins ist sicher: Das Tempo wird sich im Leben immer wieder ändern. Es gibt schnellere und langsamere Phasen. Und es wechselt mehrfach im Laufe des Tages, manchmal sogar stündlich. Darum ist es sinnvoll zu lernen, aktiv mit der Zeit zu gehen. Denn dann können Sie wie ein Surfer geschickt mit der Tempo-Welle reiten: Mal ist es ruhig, mal geht es stürmisch zu, mitunter bekommen Sie besten Rückenwind.

Gerade wenn die Umstände mal wieder ungünstiger sind, weil alles zusammenkommt oder unsere Pläne ad hoc umgeworfen werden, ist es enorm wichtig, das Tempo aktiv mitzuregeln. Sie wissen ja: Das Gefühl der Fremdbestimmung macht uns den eigentlichen Stress mit der Zeit. Also auf zur Selbstbestimmung!

Damit Sie sich diesen Zeitwellen stellen und gelassen auf ihnen surfen können, ist es gut, sich einiger „Zeit- und Lebenstempo-Regler" bewusst zu werden. Stellen Sie sich ein Radio vor. Dort gibt es verschiedene Regler, zum Beispiel für die Lautstärke oder die Höhen und Tiefen. Sie können einen Regler bis zum Anschlag aufdrehen oder sich im Mittelfeld halten. Wenn Sie alle Bässe rausdrehen, klingt die Musik furchtbar, also regulieren Sie nach. Dasselbe Prinzip gilt auch für das aktuelle Lebenstempo. In diesem Kapitel stelle ich Ihnen zunächst drei wichtige Regler vor, die das Lebenstempo direkt beeinflussen:

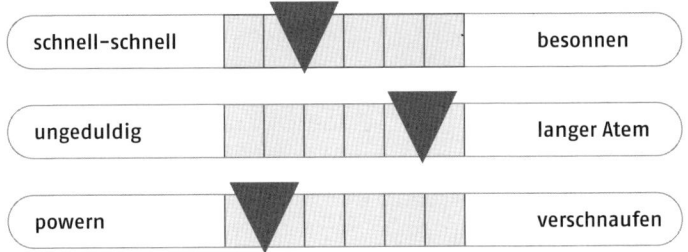

Sie erfahren gleich, was es mit diesen Reglern auf sich hat. Nehmen Sie Ihr Tagebuch zur Hand, denn Sie setzen sich gleich damit auseinander, wo diese Regler in Ihrem derzeitigen Leben stehen und was Sie eigentlich brauchen.

Zu jedem Tempo-Paar gibt es ein kleines Trainingsprogramm für Ihren Alltag. Denn es geht keineswegs darum, immer exakt die Mitte anzustreben, sondern situations- und bedürfnisgerecht die ganze Bandbreite der Regler zu nutzen. Manchmal muss man eben gezielt einen Zahn zulegen, und in anderen Situationen heißt es, einen Gang zurückzuschalten.

Außerdem finden Sie zu jedem Regler einen Herzenswert. Es gibt Werte, die erstens den Verstand mit unseren logischen Gedanken, zweitens den Bauch mit all unseren Gefühlen und drittens das Herz unterstützen (mehr dazu in Kapitel 5). Im Allgemeinen verlassen wir uns mehr auf unsere Gedanken und vernachlässigen unsere Herzensdinge. Deshalb ist es wichtig, mit Werten zu experimentieren, die das Herz stärken. Sie bringen uns in Flow und schaffen Ruhe und Frieden in uns.

Das Leben im Moment:
Der Regler „schnell–schnell – besonnen"

Wir brauchen beides: das Schnelle genauso wie das Langsame. Beides hat seinen Sinn. Beides hat seine ganz eigene Qualität. Schnellsein gibt uns ein Gefühl von Erfolg und von Macht. Nicht umsonst haben Speed-Dating, Speed-Reading und auch Speed-Coaching Hochkonjunktur. Wir sparen Zeit. Wir müssen uns nicht mit Unnötigem befassen. Wir konzentrieren uns auf das Wichtigste. Schnell sein regt uns an. Schnellsein ist ein tolles Gefühl und tut uns gut. Wenn wir etwas schnell erledigt haben, dann ist das sehr befriedigend. Wir werden vielleicht sogar gelobt.

Aber! Schnell sein hat auch Nachteile. Das Leben rauscht an uns vorbei. Wir werden dazu verleitet, vorschnell zu handeln. Wir gehen oft über die eigenen Bedürfnisse hinweg. Wer ständig „übertourig" lebt, betreibt Raubbau an Energie, Motivation und Gesundheit.

Besonnenheit gibt uns die Möglichkeit, überlegt zu handeln. Auf uns zu hören. Gefühle wahrzunehmen und unser Leben aktiv zu gestalten. Besonnenheit ist Achtsamkeit, die uns Ausgeglichenheit und Zuversicht verleiht.

Selbsteinschätzung: Wo steht Ihr Regler momentan?

Ihr Leben hat schnelle und langsame Passagen. Damit Sie einen sinnvollen Bogen spannen können, ist es wichtig, sich erstmal bewusst zu werden, wie Sie Ihr Leben momentan einschätzen – und wie Sie vom Typ her sind:

Wie schätzen Sie Ihr Leben momentan insgesamt ein: Ist es eher auf Schnelligkeit ausgerichtet oder geht Ihr Regler in Richtung Besonnenheit? Kreuzen Sie an, wo auf dem Regler Sie sich sehen:

| schnell-schnell | | | | | | besonnen |

Jeder von uns hat eine ureigenste Anlage. Gehören Sie „eigentlich" eher zur schnellen Truppe, die eher ungeduldig ist und schnelle Entscheidungen trifft? Oder sind Sie eher jemand, der lieber noch mal über etwas schläft und die Dinge langsamer angeht?

| schnell-schnell | | | | | | besonnen |

Aus diesen beiden Kreuzen können Sie drei wichtige Dinge herauslesen:

- Wie ist mein Lebenstempo momentan?
Oft genug wird das Leben zum Selbstläufer: viele Verpflichtungen oder diverse Interessen, oft bestimmt unser Umfeld auch das Tempo.

- Wie bin ich im Grunde meines Herzens?
Wir Menschen sind zum Glück sehr anpassungsfähig. Das heißt aber auch, dass wir uns an Umstände gewöhnen, die uns andere vorgeben. Es ist sehr wichtig, immer wieder mal innezuhalten und zu überprüfen: Wie bin ich eigentlich? Was brauche ich?

- Entspricht das Tempo meiner Persönlichkeit?
So manche, die eigentlich lieber schlendern, führen ihr Leben im Laufschritt. Doch das ist noch nicht alles: Wenn Sie alles im Leben „zack, zack, zack" erledigen, dann führen Sie Ihr Leben einseitig. Umgekehrt tut den Langsam-Besonnenen ein Schuss Geschwindigkeit gut, um in die Puschen zu kommen.

Sie wissen ja: Sie allein bestimmen, wie Sie Ihre Regler einstellen. Es geht nicht darum, dass Sie immer das genaue Mittelmaß erreichen. Damit Sie Schnelligkeit und Besonnenheit gezielt einsetzen können, gilt es, beide Qualitäten zu üben. Je versierter Sie beide Seiten beherrschen, desto leichter können Sie auf der Geschwindigkeitsklaviatur des Lebens spielen.

Für alle Schnellen: Besonnenheit ins Leben bringen

Als ich zum ersten Mal auf dem Rücken eines Elefanten saß, wäre ich fast verrückt geworden, weil mir das alles viel zu langsam ging. Ungeduldig rutschte ich hin und her und hätte den Elefanten am liebsten angeschoben! Doch so ein Dickhäuter lässt sich nicht beeindrucken: Unbeirrt und Schritt für Schritt geht er seinen Weg ... gaaaaanz laaaaangsam ... und kommt dennoch ans Ziel.

Das war für mich ein richtiger Aha-Effekt! Ich war Tempo gewohnt und es dauerte eine Weile, bis ich mich dem ruhigen Rhythmus des Tieres anpassen konnte. Erst dann wurde ich locker, konnte die Landschaft und die Ruhe genießen.

Probieren Sie einmal aus, eine Sportübung ganz langsam auszuführen: eine Liegestütze, den Sonnengruß, einen eleganten Schwung beim Skifahren oder beim Kraulen. Das ist ganz schön anstrengend! Viel mehr, als wenn Sie schnell sind: Wir brauchen mehr Konzentration und mehr Kraft. Langsamkeit ermöglicht – und erfordert – Exaktheit.

Besonnenheit gibt Tiefe

Schnell-schnell bleibt mehr an der Oberfläche. Erst die Besonnenheit gibt uns Aufmerksamkeit und Tiefe. Wenn Tiefe entsteht, dann sind Kopf, Herz und Bauch gleichermaßen beteiligt. Gefühle und Gedanken finden zueinander. Jetzt ist „Flow" möglich, dieses erstrebenswerte Gefühl, das entsteht, wenn Sie vollkommen vertieft im Moment sind, wenn Sie mit Leichtigkeit zu Höchstleistungen auflaufen und sich glücklich fühlen.

Besonnenheit

- macht Ihnen Ihre Gefühle, Bedürfnisse und Wünsche bewusst.
- eröffnet Ihnen den Blick für Details und für das große Ganze.
- zeigt Ihnen einen weiten Horizont an Möglichkeiten auf und ermöglicht so den Perspektivenwechsel und alternative Lösungen.
- enthüllt den Blick auf verborgene Gedanken oder auch Schwächen, die Sie bisher durch Geschwindigkeit nicht wahrgenommen oder gezielt versteckt haben.
- kann für ein besseres Miteinander sorgen, weil Sie auch mit anderen geduldiger werden, aufmerksamer zuhören und andere nicht immer antreiben.

Nun ist das mit der Besonnenheit gar nicht so einfach, wenn man es gewohnt ist, alles schnell-schnell zu tun.

Besonnenheits-Trainingsprogramm

Bringen Sie mit den folgenden Übungen dosiert, aber kontinuierlich, mehr Besonnenheit in Ihr Leben:

1. Übung: Bewusstes Gehen

Ab jetzt können Sie, wo Sie gehen und stehen, Tempo herausnehmen: Gehen Sie im Laufschritt durch die Stadt und ärgern sich, wenn vor Ihnen lahme Schnecken den Weg versperren? Passen Sie sich einfach mal für einige Minuten diesem langsameren Tempo an. Wie fühlt sich das an? Am Anfang ist es sicherlich ungewohnt oder nervig, bleiben Sie dran und versuchen Sie, Spaß dran zu haben. Wie verändert sich der Schritt, wenn Sie langsamer schlendern und mit den Armen locker schwingen? Wie stark oder leichtfüßig treten Sie auf? Welche Muskeln sind angespannt? Wie fließt Ihr Atem? Vor allen Dingen aber: Wie verändert sich Ihre Aufmerksamkeit, wenn Sie nicht andauernd ungeduldig nach Lücken Ausschau halten, damit Sie andere zackig überholen können?

Suchen Sie sich einen Platz, einen Park, einen ruhigen Feld- oder Waldweg und experimentieren Sie mit Geschwindigkeit: Probieren Sie es mit der langsamen Gangart: Gehen Sie wie ein Storch langsam Schritt für Schritt. Das Bein hoch und langsam wieder aufsetzen. Machen Sie eine Pause. Gehen Sie gemütlich weiter, probieren Sie dann eine Weile in Zeitlupe zu schreiten. Wie fühlt sich das an? Beobachten Sie Ihre Stimmung. Wie geht es Ihnen? Wie finden Sie es, langsam unterwegs zu sein?

2. Übung: Der Umgang mit langsameren Menschen

Sind Sie ungeduldig, wenn jemand langsamer spricht, denkt oder reagiert als Sie selbst? Sie wippen aufgeregt mit dem Fuß, verdrehen die Augen, denken „Was für eine lahme Ente!" oder „Geht's nicht ein bisschen schneller?!".

Üben Sie den Umgang mit langsamen Menschen, indem Sie ihnen ihr eigenes Tempo lassen. Schnelligkeit ist nicht automatisch besser und

Tempo ist immer auch eine individuelle Sache. Machen Sie sich das bewusst, dass es eben auch andere Lebenstempi als das Ihre gibt. Üben Sie sich im Warten oder bauen Sie eine Brücke, indem Sie fragen: „Ich sehe, Sie zögern noch. Brauchen Sie mehr Zeit zum Nachdenken?"

3. Übung: Dinge nacheinander mit bewussten Übergängen erledigen

Sind Sie stolz darauf, vieles gleichzeitig zu erledigen? Damit ist jetzt Schluss! Es ist gut zu wissen, dass Sie im Ausnahmefall Ihre Augen und Hände überall haben können. Sie wissen, Sie können auch einen engen Termin einhalten. Aber das Leben ist nicht ein andauernder Ausnahmefall! Multitasking beschleunigt unnötig und zerfasert die Aufmerksamkeit. Üben Sie sich ab jetzt darin, sich einen Überblick zu verschaffen, was ansteht. Priorisieren Sie und erledigen Sie dann Ihre Aufgaben nacheinander. So können Sie sich intensiv konzentrieren, machen weniger Fehler und sind unterm Strich auch schneller! Nehmen Sie bewusst wahr, was Sie erledigt haben, das gibt ein befriedigendes Gefühl, etwas geschafft zu haben, und schaffen Sie bewusste Übergänge zur nächsten Aufgabe.

Üben Sie es auch, Aufgaben bewusst aufzuschieben: Anstatt immer alles sofort zu erledigen, pfeifen Sie sich zurück. Halten Sie es aus, eine E-Mail nicht sofort zu beantworten, sondern „erst" morgen. Terminieren Sie eine Aufgabe für übermorgen. Lernen Sie zu unterscheiden, was brandeilig ist und was Zeit hat. Vermeiden Sie Schnellschüsse, was neue Vorhaben angeht. Schlafen Sie eine Nacht darüber. Denken Sie über Vor- und Nachteile nach. Nehmen Sie wahr, wie es Ihnen damit geht.

Für alle Besonnenen: Einen Schuss Geschwindigkeit ins Leben bringen

Gehören Sie zu denen, die immer ein bisschen mehr Zeit brauchen als die anderen? Mehr Zeit, um Entscheidungen zu treffen, mehr Zeit, um überhaupt anzufangen? Sie spüren, dass andere die Augen verdrehen oder nervös mit dem Fuß wippen, weil Sie nicht in die Puschen kommen oder eben noch mal in Ruhe überlegen wollen? Ich kenne das. Je nach Tagesform bin ich auch eine Langsamdenkerin. Trotz aller Schnelligkeit, die ich an den Tag legen kann. Mir geht es vor allem in Gruppen oft so, dass mir zu einer Äußerung oder einer Handlung erst sehr viel später eine bessere Antwort einfällt.

Stehen Sie zu Ihrem Tempo ... aber bleiben Sie nicht stehen!

Es ist gut, manche Dinge besonnener zu erledigen. Wenn Sie eher zu den „gemütlichen Bären" gehören, dann ist das erstmal völlig in Ordnung. Wir alle haben unseren Rhythmus. Manche Menschen preschen vor, sind temperamentvoller oder bilden sich schneller eine Meinung. Andere brauchen mehr Zeit, um wo anzukommen, sich zu akklimatisieren, und überlegen lieber dreimal. In erster Linie ist es wichtig, dass Sie zu Ihrem prinzipiellen Tempo stehen (lernen): „Ich brauche etwas mehr Zeit. Das ist völlig in Ordnung."

Lassen Sie sich nicht drängeln! Wenn Sie merken, dass ein Gegenüber ungeduldig mit den Fingern trommelt, dann sprechen Sie das an: „So ad hoc möchte ich das nicht entscheiden. Ich brauche etwas mehr Zeit" oder „Ich sehe, Sie möchten gerne sofort eine Antwort von mir. Auf die Schnelle kann ich jetzt gar nichts dazu sagen. Ich komme in einer Stunde auf Sie zu."

Nun gibt es natürlich auch einen Zusammenhang zwischen großer Besonnenheit und Angst: Es könnte auch sein, dass Sie alles wieder und wieder bedenken, weil Sie befürchten, einen Fehler zu machen. Oder weil Sie keine falschen Entscheidungen treffen oder Verantwortung übernehmen möchten. Wenn man sehr lange überlegt, werden Entscheidungen oft für einen getroffen, zum Beispiel, weil ein Schnellerer die Hand hebt.

Das kann dazu führen, dass ...

- Sie Gelegenheiten verpassen,
- andere Sie unterschätzen,
- und vor allen Dingen, dass Sie dazu neigen, alles zu zerdenken; vielleicht sogar in Katastrophendenken verfallen.

Machen Sie sich also ruhig auch einmal mit der Kehrseite der Besonnenheit vertraut!

Schnelligkeits-Trainingsprogramm

Trauen Sie sich, ab jetzt täglich einen Schuss Geschwindigkeit in Ihr Leben zu bringen:

1. Übung: Experimentieren Sie mit verschiedenen Tempoarten

Suchen Sie sich einen Platz, einen Park, einen ruhigen Feld- oder Waldweg: Gehen Sie einige Minuten schnell. Laufen Sie. Traben Sie. Spazieren Sie. Schlendern Sie. Bilden Sie sich ein, Sie müssten den Bus erreichen oder den nächsten Termin: Laufen Sie, hetzen Sie und nehmen Sie wahr, wie sich das anfühlt. Passen Sie sich auf der Straße für einige Minuten dem Schritt von schnellen Menschen an. Wie finden Sie es, schnell unterwegs zu sein? Wie fühlt es sich an?

2. Übung: Tee oder Kaffee? Schnelle Entscheidungen treffen

Viele Entscheidungen, die wir täglich treffen, sind nicht lebenswichtig. Was ziehe ich heute an? Was esse ich mittags? Gehe ich mit ins Kino oder nicht? – Treffen Sie diese kleinen Entscheidungen, von denen nicht viel abhängt, ganz fix. Überlegen Sie kurz „Was will ich?" und folgen Sie Ihrem ersten Gedanken.

3. Übung: Mach's sofort!

Wenn Ihnen im Laufe des Tages etwas einfällt, was Sie tun oder erledigen müssen, dann tun Sie es immer öfter sofort und denken Sie nicht weiter darüber nach. Sie werden erstaunt sein, was Sie alles schaffen und wie angenehm es ist, wenn sich die Aufgaben nicht stapeln.

Vor allen Dingen aber hat es weitere Konsequenzen! Vor vielen Jahren hat mich ein Unternehmensberater begeistert, der folgende Geschichte zum Besten gab: „Wenn morgens früh der Wecker klingelt, ärgert sich Herr

Müller immer über den Klingelton, den er längst in ein sanftes Brummen verändern wollte. Er schlurft in die Küche und findet den Abwasch von gestern und ärgert sich schon wieder. Die Kaffeemaschine gluckst und zischt und wartet schon seit längerer Zeit darauf, entkalkt zu werden. Später steigt er in sein Auto und er fühlt seine Wut schon wieder: Es ist unaufgeräumt, die Scheibenwischer sind auch nicht mehr das, was sie einmal waren, und die Winterreifen gehören auch längst aufgezogen. Da fängt der Morgen gut an …"

Die Quintessenz dieser Story, die uns der Unternehmensberater mit auf den Weg gab: „Erledigen Sie die Dinge sofort, über die Sie sich ärgern bzw. die Sie jetzt gleich erledigen können. Drehen wir die Uhr noch mal zurück: Herr Müller wacht auf und ändert gleich den Klingelton und freut sich auf das sanfte Brummen am nächsten Morgen. Er wäscht schnell ab und freut sich, dass dies erledigt ist. Die Kaffeemaschine wird er abends entkalken. Beim Reifenhändler ruft er an und macht einen Termin für das Aufziehen der Winterreifen. Auf dem Heimweg wird er zur Waschanlage fahren und das Auto auch von innen reinigen – oder lässt es erledigen. Die Scheibenwischer wechselt er dann auch gleich an der benachbarten Tankstelle. Sie sehen: Dosierte Schnelligkeit schützt uns vor Aufschieberitis!"

Herzenswert: Gelassenheit

Sehen wir uns einmal die Synonyme zur „Gelassenheit" an: Geduld, Gleichmut, Ausdauer, Nachsicht, Beschaulichkeit, Muße, Besinnlichkeit, Ausgeglichenheit, Gleichmaß, Gleichgewicht, Seelenfriede, Seelenruhe, Gleichmut, Gefasstheit, Besonnenheit, Gemütsruhe. Da gibt es aber auch: Beherrschtheit, Gefasstheit, Haltung, Contenance, Fassung, Disziplin. Wenn man gelassen ist, dann ist man auch nachsichtig, langmütig, friedfertig, versöhnlich, verträglich … entspannt, ausgeglichen, gleichmäßig, ohne Eile/Hast, seelenruhig, vielleicht auch ungerührt, unerschütterlich, stoisch, gleichmütig.

Gelassenheit brauchen wir, um besonnen zu sein, wir brauchen sie aber auch, wenn wir zackig unterwegs sind.

Stellen Sie den Herzenswert Gelassenheit für eine Weile gezielt in den Fokus. Fragen Sie sich abends: Was ist mir gut gelungen heute? Wo war ich heute gelassen? Was habe ich „ge-lassen"? Inwiefern konnte ich andere heute so lassen, wie sie sind?

Notieren Sie die Antworten in Ihrem Tagebuch und überlegen Sie auch: Was kann ich tun, um diesem Wert in den nächsten Tagen mehr Beachtung zu schenken? Wie werde ich für mehr Gelassenheit in meinem Tagesablauf sorgen?

Kurzes Liedchen oder Oper: Der Regler „ungeduldig – langer Atem"

Sowohl die Ungeduld auch als der lange Atem hat mit „Warten-" bzw. mit „Nicht-abwarten-Können" zu tun. Wenn wir ungeduldig sind, wollen wir schnell handeln und ins Tun kommen. Warten bzw. Abwarten sind jetzt völlig fehlt am Platz. Wir laufen allerdings Gefahr, vorschnelle Entscheidungen zu treffen, und wägen Risiken nicht ab. Die Neugier, die in der Ungeduld steckt, will sofort und ohne Wenn und Aber befriedigt werden. Das Positive am unruhigen Handeln ist: Wir wollen schnell weiterkommen. Erfüllen uns Wünsche und Träume.

Dagegen: der lange Atem. Gut Ding braucht Weile, sagt ein Sprichwort. Die Geduld lässt Entwicklung zu. Wir dürfen uns ausprobieren, Ehrenrunden drehen und Hindernisse meistern. Der lange Atem gibt uns die Möglichkeit, Ziele zu erreichen. Das wiederum macht uns stolz.

Wenn wir beim Beispiel Musik bleiben: Ein Lied ist schnell gesungen. Die Oper allerdings stimmt ein mit der Ouvertüre und spielt die Handlung mit Höhen und Tiefen. Der Spannungsbogen vom Anfang bis zum Ende muss durchdacht sein und sich entwickeln bis zum großen Finale.

Selbsteinschätzung: Wo steht Ihr Regler momentan?

Ist Ihr Leben momentan eher auf ungeduldiges Handeln ausgerichtet oder geht es eher in Richtung „überlegte Ausdauer"? Kreuzen Sie auf dem Regler an, wo Sie gerade stehen:

| ungeduldig | | | | | | | langer Atem |

Gehören Sie „eigentlich" eher zur ungeduldigen Truppe, die nicht abwarten kann und sofort ins Tun kommt? Oder sind Sie eher jemand, der lieber geduldig warten kann und sich gerne zurücklehnt, damit sich die Dinge langsam entwickeln können?

| ungeduldig | | | | | | | langer Atem |

Aus diesen beiden Kreuzen können Sie drei wichtige Dinge herauslesen:

■ **Wie steht es momentan mit meinem Geduldspegel?**
Oft genug wird das Leben zum Selbstläufer: viele Verpflichtungen oder diverse Interessen, oft bestimmt unser Umfeld auch das Geduldig-Sein.

■ **Wie bin ich im Grunde meines Herzens?**
Wir Menschen sind zum Glück sehr anpassungsfähig. Das heißt aber auch, dass wir uns an Umstände gewöhnen, die uns andere vorgeben. Es ist sehr wichtig, immer wieder mal innezuhalten und zu überprüfen: Wie bin ich eigentlich? Was brauche ich?

■ **Entspricht „warten können" meiner Persönlichkeit?**
So manche, die eigentlich lieber mal abwarten, werden gedrängelt, schnell zu handeln. Doch das ist noch nicht alles: Wenn Sie ungeduldig sind und dementsprechend alles im Leben sofort erledigen, dann führen Sie Ihr Leben einseitig. Umgekehrt ist es manchmal von Vorteil, dem langen Atem Grenzen zu setzen.

Sie wissen ja: Sie allein bestimmen, wie Sie Ihre Regler einstellen. Es geht nicht darum, dass Sie immer das genaue Mittelmaß erreichen. Damit Sie die Ungeduld und den langen Atem gezielt einsetzen können, gilt es, beide Qualitäten zu üben. Je versierter Sie beide Seiten beherrschen, desto leichter können Sie den Spannungsbogen zwischen Ungeduld und Geduld des Lebens spielen.

Für alle Ungeduldigen: Einen langen Atem entwickeln

Sie sind neugierig. Sie wollen es wissen. Sie wollen sich ausprobieren. Sie beginnen gerne Neues. Sie schaffen es schwer, Entscheidungen noch einmal zu überschlafen.

Wer ungeduldig ist, vergisst gerne, dass alles seine Zeit braucht. Wer ständig unüberlegt handelt, wird mit der Zeit frustriert sein, dort, wo zunächst ein lustvolles Gefühl vorherrschte. Es macht Sinn, sich mit dem langen Atem anzufreunden.

Langer Atem lässt uns Erfolge feiern

Warum ist es gut, dranzubleiben und nicht aufzugeben? Weil wir Ziele erreichen und ganz nebenbei unser Selbstbewusstsein stärken. Wir sind stolz auf das Erreichte – wir erhalten Lob, Anerkennung und Wertschätzung auch von anderen. Die Ungeduld hat kurzfristige Erfolge. Erst der lange Atem lässt uns Erfolge feiern, die uns stolz machen. Sie geben uns innere Kraft und Zuversicht.

Es könnte sein, dass Ihnen schnell langweilig wird, dort, wo Geduld ratsam wäre. Dort, wo es schwierig wird. Sie wechseln lieber die Spur, als durchzuhalten. Damit stehen Sie sich selbst im Weg und verhindern Ihre Erfolge. Üben Sie. Bleiben Sie dran. Was passiert, wenn Sie einen kleinen Moment „geduldiger" wären?

Der lange Atem
- lässt Sie neue Erfahrungen sammeln und macht Sie stolz.
- schenkt Ihnen ganz neue Erfolge. Das wiederum wird Sie glücklich machen.

- enthüllt den Blick auf verborgene Gedanken oder auch Schwächen, die Sie bisher durch Ungeduld nicht wahrgenommen oder gezielt versteckt haben.
- kann für ein besseres Miteinander sorgen, weil Sie auch mit anderen geduldiger werden und nicht immer antreiben.
- führt zu Kontinuität und Konstanz. Selbstbewusstsein und Selbstachtung können sich entwickeln.

Nun ist das mit dem langen Atem gar nicht so einfach, wenn man es gewohnt ist, alles ungeduldig zu tun.

Geduldspiel-Trainingsprogramm

Bringen Sie mit den folgenden Übungen dosiert, aber kontinuierlich mehr Geduld in Ihr Leben:

1. Übung: Sich in Geduld üben

Während langer Autofahrten wird mein Mann grundsätzlich geblitzt. Ich dagegen wurde bisher nur einmal erwischt. Probieren Sie einmal aus, während der nächsten Autobahnfahrt die Geschwindigkeitsbegrenzungen einzuhalten. An Ihr Ziel kommen Sie so oder so. Nur um einiges entspannter und gelassener. Halten Sie sich als Autofahrer ab jetzt an alle Geschwindigkeitsbegrenzungen. Wenn Sie Radfahrer bzw. Fußgänger sind, beachten Sie die roten Ampeln und bleiben Sie stehen, bis das Licht auf Grün schaltet.

Beobachten Sie sich, wie es Ihnen geht. Welche Gefühle tauchen auf? Welche Bilder? Wie finden Sie es, Verkehrsregeln ernst zu nehmen? Notieren Sie Ihre Erfahrungen in Ihrem Tagebuch.

2. Übung: Pausen positiv nutzen

Wenn Sie an der Kasse stehen und es mal wieder ausgerechnet in Ihrer Warteschlange nicht weitergeht, probieren Sie diese kleine Atemübung aus:

Atmen Sie tief ein und aus. Spüren Sie, wie der Atem durch die Nase ein- und wieder ausströmt. Beachten Sie, dass der Atem kühl ist, wenn Sie einatmen, und als warmer Hauch durch die Nase wieder austritt. Beobachten Sie, wie es Ihnen dabei geht: Welche Gefühle und Gedanken tauchen auf? Wie fühlen Sie sich?

3. Übung: Vorhaben zu Ende bringen. Halten Sie durch!

Wenn Sie ungeduldig immer wieder neu Ihre Pläne ändern, weil es schwierig oder langweilig für Sie wird, fragen Sie sich, welches Vorhaben Ihnen gerade sehr wichtig ist. Wo möchten Sie durchhalten? Beschreiben Sie Ihr Projekt und das zu erreichende Ziel genau. Worauf möchten Sie stolz sein? Schreiben Sie ganz konkret auf, was Sie erreichen möchten und wann. Wie wollen Sie sich fühlen? Was wird sich verändern, wenn Sie Ihrer Ungeduld Paroli bieten und dranbleiben? Was werden die anderen sagen, z.B. Ihr Partner, Ihre beste Freundin? Woran werden Sie merken, dass Sie Ihr Vorhaben beendet haben?

Dann tragen Sie sich in Ihren Kalender alle vier Wochen einen regelmäßigen Termin ein genau zu diesem Vorhaben. Reservieren Sie sich wenigstens eine Stunde. Beantworten Sie sich während dieser Termine folgende Fragen:

- Was ist bis jetzt gut gelungen?
- Was ist für mich schwierig?
- An welchem Punkt darf ich üben?
- Was werde ich in einem Jahr über dieses Projekt/Vorhaben/über mich sagen?

Lesen Sie noch einmal durch, was Sie sich zu Beginn Ihres Vorhabens notiert haben. Was werden Sie in den kommenden vier Wochen konkret tun, damit Sie wieder ein kleines Stück weiterkommen?

Für alle, die sich gerne Zeit lassen: Den „schnellen Atem" üben

Gehören Sie zu denen, die sich gut Zeit lassen können? Sie können den Dingen ihren Lauf lassen. Deshalb sind Sie noch lange nicht inaktiv. Sie nehmen die Dinge in die Hand, lehnen sich aber gleichzeitig entspannt zurück und schauen zu, wie sich Ihr Vorhaben entwickelt. Manchmal über Jahre hinweg. Hetzen lassen Sie sich nicht. Sie halten durch und ernten seelenruhig Ergebnisse. Andere beneiden Sie dafür.

Wieder andere verfluchen Sie, weil Sie immer wieder abwägen, wenn es um Entscheidungen geht. Dabei kann es passieren, dass Sie eine Chance verpassen. Vor lauter langem Atem und Überlegen kommen Sie nicht in die Gänge.

Stehen Sie zu Ihrem langen Atem ... aber setzen Sie auf Neugier!

Wenn Sie eher zu denjenigen gehören, die Ausdauer entwickeln können und abwarten, dann ist das erstmal wunderbar. Menschen, die ungeduldig heute das eine und morgen das andere beginnen, sind Ihnen suspekt. Es gibt eben Menschen wie Sie, die sich gerne Zeit lassen. Manchmal müssen gar keine Entscheidungen getroffen werden, weil sich die Dinge von selbst erledigen.

In erster Linie ist es wichtig, dass Sie zu Ihrem langen Atem stehen (lernen): „Ich lasse mir Zeit." Das ist völlig in Ordnung. Lassen Sie sich nicht drängeln! Wenn Sie merken, dass ein ungeduldiger Mensch wegen Ihrer Engelsgeduld die Krise kriegt, dann ist das seine Sache.

Vielleicht haben Sie aber auch Angst vor dem Neuen. Deshalb ist Ihnen Sicherheit sehr wichtig. Sie haben gute Erfahrungen gesammelt, in denen sich Ausdauer lohnt. Sie fühlen sich mit Dingen, die Sie nicht kennen, überfordert und zögern deshalb Ihr Tun hinaus. Manchmal verschließen Sie gern die Augen vor neuen Entwicklungen und verharren so im alten Trott. Es kann passieren, dass Sie zu lange warten und Ihre Energie verpufft.

Das kann dazu führen, dass ...

- andere Sie langweilig finden.
- Sie das Neue nicht in Ihr Leben lassen und Sie versauern und das Ihre Umwelt spüren lassen.
- Sie Ihrer eigenen Neugier immer wieder misstrauisch begegnen, zu viele gedankliche Ehrenrunden drehen und Sie frustriert sind.

Machen Sie sich also ruhig auch einmal mit der Kehrseite des langen Atems vertraut und versuchen Sie mit den folgenden Übungen, den Stier auch mal bei den Hörnern zu packen.

„Schneller Atem"-Trainingsprogramm

1. Übung: Die Neugier einladen

Was würden Sie gerne einmal ausprobieren? Wann erwacht Ihre Neugier? Beobachten Sie sich in den nächsten Tagen und schreiben Sie alle Gedanken hierzu in Ihr Buch.

Beantworten Sie sich auch diese Fragen: Was wird sich ändern, was sagen andere, wenn ich etwas Neues wagen würde? Was verändert sich in meinem Leben? Wovor habe ich am meisten Angst? Vor den Konsequenzen, vor dem Schönen, vor dem Neuen?

Welche Frage spricht Sie am meisten an? Welche Gedanken und Gefühle tauchen auf? Und wenn Sie Ihrer Neugier heute nur ein kleines bisschen nachgeben?

2. Übung: Fragen Sie die Ungeduldigen

Sie merken es immer wieder: Den Ungeduldigen gehen Sie ziemlich auf die Nerven, weil Sie zögern und abwarten. Den Ungeduldigen scheint es logisch zu sein, wie die nächsten Schritte zu realisieren sind, wenn es um ein Vorhaben geht. Lassen Sie sich nicht beirren.

Experimentieren Sie hiermit:

- Sagen Sie „Lassen Sie mal sehen" und nicht gleich „Nein" zu einem Vorschlag, der mit „Machen Sie mal" beginnt.
- Nehmen Sie Ihr Gegenüber „mit ins Boot" und fragen Sie nach, wie es gehen soll – Sie gewinnen Zeit und Sicherheit.
- Erkundigen Sie sich, was erreicht werden soll.
- Gliedern Sie das Projekt in Teilziele, die realistisch machbar sind, so dass Sie Überblick gewinnen (so mancher Ungeduldige wird hier schnell drüberweggehen wollen).

Bleiben Sie dran. Stehen Sie dazu, dass Sie klare Schritte wünschen.

3. Übung: Die Was-ich-schon-immer-tun-wollte-Liste schreiben

Machen Sie es sich gemütlich an Ihrem Lieblingsplatz. Bereiten Sie sich einen Tee oder einen Kaffee. Nehmen Sie Ihr Tagebuch und einen Stift und schreiben Sie Ihre „Was-ich-schon-immer-tun-wollte-Liste". Atmen Sie tief ein und aus und träumen Sie. Was wollten Sie schon immer mal tun?

Welche Gefühle und Gedanken begleiten Sie während des Schreibens? Vielleicht lächeln Sie gerade still vor sich hin? Werden Sie traurig? Es gibt Träume, die müssen nicht sofort verwirklicht werden. Vielleicht werden sie nie wahr. Aber es tut gut, sie zu träumen.

Immer wenn Sie sich frustriert fühlen, holen Sie sich Ihre Liste neugierig hervor. Sehen Sie, das Leben bietet tausend Möglichkeiten. Und vielleicht irgendwann, wenn die Zeit reif ist, ergreifen Sie eine davon. Vielleicht möchten Sie heute noch Ihre Freunde einladen? Es gibt Rotwein, Käse und Brot. Oder haben Sie eine bessere Idee?

Herzenswert: Langmut

Die Langmut ist ein besonders schöner Herzenswert, finde ich. Es steckt das Wörtchen „Mut" darin. Langmut steht für die Geduld, die wir oft nicht haben ... oder uns nicht nehmen, weil wir uns keine Bedenkzeit geben, um die Dinge reifen zu lassen.

Langmut braucht es besonders in schwierigen Situationen, die nicht sofort veränderbar sind. Es braucht manchmal Monate, bis sich etwas Neues herauskristallisiert, bis sich ein Vorhaben zufriedenstellend entwickelt, man in einer neuen Stadt angekommen ist, die Kollegen im neuen Job nicht mehr fremd sind. Erst nach einer Krisenzeit können wir aufatmen und zurückblicken und feststellen, es war gut so. Alles hat seine Zeit. Es braucht Zeit, es braucht „langen Atem".

Wie können Sie diesem Herzenswert in den nächsten Tagen mehr Beachtung schenken? Was möchten Sie tun, um mehr Langmut in Ihr Leben zu bringen? Schreiben Sie Ihre Vorhaben in Ihr Buch und tragen Sie sie in Ihren Kalender ein.

Von Pausen und lebendigen Taktpassagen: Der Regler „powern – verschnaufen"

Wer powert und nicht verschnauft, brennt aus. Powern ist aber grundsätzlich nicht falsch. Nichts spricht dagegen, für eine begrenzte und überschaubare Zeit die ganze Energie für das Gelingen zu investieren. Dann hat man sich eine Pause verdient.

Das Innehalten gibt uns verbrauchte Energie zurück. Pausen sind wichtig. In den Pausen können wir uns neu sortieren, neue Gedanken fassen, in unsere Kraft kommen. Das gilt auch für die täglichen Meetings, die in der Businesswelt stattfinden. Dort, wo Pausen auf der Agenda stehen, wird der Mensch geachtet und werden Werte vorgelebt, die Zeichen setzen.

Selbsteinschätzung: Wo steht Ihr Regler momentan?

In jedem Musikstück gibt es Pausen und dann wieder lebendige Taktpassagen. Mal verstummen die Instrumente, dann wieder spielt das gesamte Orchester. Damit Sie in Ihrem Leben einen sinnvollen Bogen spannen können, ist es wichtig, sich erstmal bewusst zu werden, wie Sie Ihren Energielevel momentan einschätzen – und wie Sie vom Typ her sind:

....

Wie schätzen Sie Ihr Leben momentan insgesamt ein: Ist es eher auf Powern ausgerichtet oder halten Sie Ihren Energielevel eher auf Sparflamme? Kreuzen Sie an:

powern						verschnaufen

Gehören Sie „eigentlich" eher zur Power-Truppe, die Vollgas gibt und gerne an die eigenen Grenzen geht? Oder sind Sie eher jemand, der auf Pausen Wert legt und gut auf die eigenen Kraftreserven aufpasst?

powern						verschnaufen

Aus diesen beiden Kreuzen können Sie drei wichtige Dinge herauslesen:

■ Wie ist mein Energielevel momentan?
Oft genug wird das Leben zum Selbstläufer: Viele Verpflichtungen oder diverse Interessen, oft bestimmt unser Umfeld, ob Pausemachen angesagt ist oder nicht.

■ Wie bin ich im Grunde meines Herzens?
Wir Menschen sind zum Glück sehr anpassungsfähig. Das heißt aber auch, dass wir uns an Umstände gewöhnen, die uns andere vorgeben. Es ist sehr wichtig, immer wieder mal innezuhalten und zu überprüfen: Wie bin ich eigentlich? Was brauche ich?

■ Entspricht der Power-Level meiner Persönlichkeit?
So manche, die eigentlich lieber eine Pause einlegen würden, müssen

Energie aufbringen, um mitzuhalten. Doch das ist noch nicht alles: Wenn Sie alles im Leben hochtourig erledigen, dann führen Sie Ihr Leben einseitig. Umgekehrt tut es so mancher Couch-Potato gut, einen Schuss Energie ins Leben zu mixen.

Sie wissen ja: Sie bestimmen, wie Sie Ihre Regler nutzen. Es geht nicht darum, dass Sie immer die Balance erreichen. Damit Sie „Powern" und „Verschnaufen" gezielt einsetzen können, gilt es, beide Qualitäten zu üben. Spielen Sie mit beiden Seiten. Desto leichter können Sie auf der Energie-Klaviatur des Lebens spielen.

Für alle Power-Menschen: Pause machen

Sie fühlen sich gut, wenn Sie etwas zu tun haben. Von morgens bis abends sind Sie im Einsatz. Auch an den Wochenenden kann man mit Ihnen rechnen.

Nichts spricht dagegen, sich für ein interessantes Projekt eine Weile (eine absehbare Zeit) zu engagieren: Das kann die Familienplanung, die eigene Selbstständigkeit oder die Karriere sein. Power schenkt uns euphorische Gefühle. Wir fühlen uns motiviert, engagiert und enthusiastisch.

Vorsicht ist angezeigt, wenn man im Eifer immer häufiger Dinge vernachlässigt, die bisher wichtig waren im Leben. Wenn sich die Prioritäten verschieben. Eine Verschnaufpause leistet man sich immer seltener. Ein genüssliches Mittag- oder Abendessen verkneift man sich. Der Schlaf kommt immer häufiger zu kurz. Und schon ist man drin in der Erschöpfungsspirale. Manchmal ist es der falsche Ehrgeiz, dann wieder verinnerlichte Glaubenssätze, die einen im Hamsterrad feststecken lassen. Dann wird es immer schwieriger, da herauszukommen.

Deshalb ist es wichtig, einmal die Nachteile des Powerns unter die Lupe zu nehmen.

Verschnaufen ... Tun Sie mal nichts

Probieren Sie aus, das Buch **jetzt** zur Seite zu legen und die nächsten zehn Minuten NICHTS zu machen. Ich komme gleich noch einmal darauf zurück bei den Übungen. Wollen Sie es gleich mal ausprobieren?

Viele Menschen haben verlernt, eine Pause zu machen. Es ist eine Kunst, nichts zu machen. Immer sind wir am Denken, am Musikhören oder gucken auf einen viereckigen Schirm: Fernseher, Laptop oder Blackberry.

Was ist Nichtstun? Was ist Verschnaufen? Ich habe dazu folgendes Bild: Wenn ich eine Weile gejoggt bin, mache ich eine Pause: Ich beuge meinen Körper nach vorne, lasse die Arme hängen und baumeln, mein Atem kommt allmählich zur Ruhe ... Ich entspanne mich, ich komme zurück in meine Kraft, atme wieder normal ein und aus. Ich habe verschnauft. So wie wir das im Sport ganz automatisch machen, macht es viel Sinn, sich die kleinen Pausen in den Alltag zu holen.

Erst wenn man sich diese ruhige „Nichts-tun-Zeit" schenkt, kommt man bei sich selbst an. Die Herzübung „Lauschen" im Regler-Kapitel „laut-leise" vertieft dieses Erleben.

Das Verschnaufen ...

- gibt Kraft (zurück).
- zeigt Ihnen, wovor Sie (vielleicht) weglaufen.
- enthüllt, was nicht zur Ruhe kommen darf.
- kann für ein besseres Miteinander sorgen, weil Sie um Ihre eigenen Kraftreserven wissen und somit sorgsamer mit sich und anderen umgehen.

Nun ist das mit dem Verschnaufen gar nicht so einfach, wenn man es gewohnt ist, immer Vollgas zu geben.

Verschnauf-Trainingsprogramm

Bringen Sie dosiert, aber kontinuierlich mehr Pausen in Ihr Leben:

1. Übung: Ja, wo laufen Sie denn hin? Ich bin dann mal da.

Bevor Sie das Nichtstun ausprobieren, lade ich Sie ein, es sich gemütlich zu machen mit Ihrem Tagebuch und Bleistift. Welche Gedanken und Assoziationen kommen Ihnen in den Sinn, wenn Sie daran denken, eine Pause zu machen? Bewusst einmal nichts zu machen? Vielleicht sagt eine innere Stimme „Du bist faul" oder „Wer schläft, verpasst was".

Notieren Sie jetzt, was Sie schlimmstenfalls verpassen könnten. Vielleicht laufen Sie vor diesen unguten Gedanken und Gefühlen weg? Ist da was Wahres dran? Von wem haben Sie das gelernt oder übernommen? Welcher Gedanke unterstützt Ihr Vorhaben wohlwollend? Vielleicht ein „Das habe ich mir verdient"?

Wie geht es Ihnen jetzt mit diesen Erkenntnissen? Notieren Sie Ihre Gedanken. Was können Sie ab morgen schon verändern?

2. Übung: NICHTS tun – wie geht das?

Probieren Sie einmal aus, das Buch jetzt zur Seite zu legen und die nächsten zehn Minuten NICHTS zu machen. Nichts bedeutet: Nichts! Nichts lesen, keine Musik, kein Fernseher, nichts trinken oder essen. Einfach nur dasitzen, wach sein. Atmen. Nichts tun. Die Gedanken kommen und gehen.

Wie geht es Ihnen damit? Welche Gedanken und Gefühle tauchen auf?

Erinnern Sie sich? So wie wir nach dem Joggen ganz automatisch zu unserem normalen Atem kommen, so brauchen wir im Alltag Verschnaufzeiten. Kurze Mußezeiten reichen! Üben Sie jeden Tag. Beginnen Sie mit einer Minute und steigern Sie sich nach Belieben.

3. Übung: Ihr Energietopf

Machen Sie es sich wieder gemütlich mit Ihrem Tagebuch und einem Stift. Malen Sie ein Gefäß. Stellen Sie sich vor, Ihr Körper ist ein „Energietopf". Wie voll oder wie leer ist er heute? Unser Energiehaushalt ist ein dynamischer Wechsel aus „Energie tanken" und „Kraft verlieren". Tragen Sie auf die eine Seite alles ein, was Ihnen Energie gibt, wofür Sie gerne powern. Auf die andere Seite kommt all das, was Sie Kraft kostet. Wir sind dafür verantwortlich, dass beide Seiten ausgeglichen sind. Wenn Sie die „Kraft-tanken-Seite" vernachlässigen, werden Sie sich über kurz oder lang erschöpfen.

Was von dem, was Sie Kraft kostet, können Sie verändern? Wo verpufft Energie unnötig? Welche Aufgaben/Tätigkeiten/Werte geben Ihnen besonders viel Energie? Wählen Sie zwei aus. Was tun Sie heute, morgen und übermorgen, um das, was Sie besonders stärkt, in die Tat umzusetzen? Überlegen Sie sich jeweils zwei Dinge. Was können Sie noch tun, um in Ihre Kraft zu kommen? Viel herausfordernder ist: Wie können Sie Ihr Energielevel halten?

Für alle Pausemacher: Den Energielevel in Schwung bringen

Gehören Sie zu denen, die sich nicht beirren lassen und ihr Energiepotenzial dosiert einsetzen? Dann ist Verschnaufen für Sie keine Kunst. Sie können das. Sie schlafen am Wochenende gern lang. Sie machen auch gerne mal blau, wenn es Ihnen unlustig geht. Was wäre, wenn Sie endlich die Dinge in Angriff nehmen würden, die Sie schon eine ganze Weile vor sich herschieben? Ihr schlechtes Gewissen erinnert Sie immer wieder gerne, dass Sie ja eigentlich heute dies bzw. das machen wollten.

Ich kenne das auch, dass ich mir etwas Spannendes für den Abend vornehme und dann doch nur wieder Couch-Potato bin. Gezielt eingesetzt, macht das allerdings sehr viel Sinn. Es geht um die Kunst der Pause.

Werden Sie zur unwiderstehlichen Couch-Potato

Es ist völlig in Ordnung, dass Sie es gemütlich angehen. Wir alle haben unseren Rhythmus. Sie lieben faule Tage, können ganze Wochenenden im Bett verbringen. Wenn die abendliche Berieselung zu Ihrem täglichen Ritual gehört, betrachten Sie doch einmal die Kehrseite des Pausemachens. Es könnte allerdings sein, dass Sie aus den verschiedensten Gründen antriebslos geworden sind. Ihr schlechtes Gewissen meldet sich immer öfter lautstark.

Nun gibt es natürlich auch einen Zusammenhang zwischen Pausieren und Angst: Es könnte sein, dass Sie alles, was mit Powern zu tun hat, fürchten, weil Sie Ihre Bequemlichkeit aufgeben müssten. Immer wenn Sie etwas Neues beginnen wollen, werden Sie müde oder fühlen sich demotiviert und leidenschaftslos.

Wie können Sie den Verschnauf-Modus sinnvoll einsetzen und noch wertvoller für sich gestalten, damit:

- Sie sich nicht immer wieder mit den Power-Menschen vergleichen,
- Ihr Energielevel/Ihr Kreislauf schneller in Schwung kommt,
- Ihnen der erste Schritt für Ihr Vorhaben leichterfällt und Sie dabei nicht immer schlecht gelaunt sind,
- Sie sich nicht unterfordern und Ihnen nicht langweilig ist?

Power-Trainingsprogramm

Trauen Sie sich, ab jetzt täglich einen Schuss Energie in Ihr Leben zu bringen:

1. Übung: Die Kunst, eine unwiderstehliche Couch-Potato zu sein

Die Kunst des Ausruhens bedeutet, dass Sie sich ab heute nicht mehr berieseln lassen, sondern gezielt Ihr Fernsehprogramm auswählen. Schauen Sie in die Zeitung. Welche Sendung interessiert Sie? Was wollen Sie gucken? Machen Sie aus Ihrem Fernsehabenden ein Event. Zünden Sie

eine Kerze an, bereiten Sie sich einen Tee oder ein Glas Sekt. Laden Sie sich Ihre beste Freundin zum gemütlichen Filmeabend ein oder leihen Sie sich Ihre Lieblings-DVD aus. Wer wollte nun nicht zu Ihnen auf die Couch?

Schreiben Sie in Ihr Tagebuch, wie es Ihnen geht. Welche Gedanken und Gefühle tauchen auf? Erlauben Sie sich außerdem fernsehfreie Tage. Welcher Tag in der Woche könnte das sein?

2. Übung: Dosiertes Powern bringt Sie in Schwung!

Zehn Kniebeugen bei offenem Fenster am Morgen bringen den Kreislauf in Schwung. Probieren Sie es die nächsten Tage aus. Vielleicht haben Sie ab morgen erstmal Muskelkater. Glauben Sie mir, Ihr Körper freut sich. Sie bleiben beweglich. Es heißt im Allgemeinen, dass diejenigen, die sich täglich bewegen, ihre Gesundheit fördern. Es reichen ein paar wenige Übungen, die aber regelmäßig gemacht.

Welche Gedanken und Vorhaben kommen Ihnen in den Sinn, während Sie das lesen? Schreiben Sie es sofort auf.

3. Übung: Ins Tun kommen ... Der Ohrensessel-Test
(nach Professor Seiwert)

Wenn Sie sich nicht sicher sind, welche Ziele Sie in Ihrem Leben erreichen wollen, hilft Ihnen dieser Test, herauszufinden, was Ihnen ein echtes Herzensanliegen ist:

Stellen Sie sich vor, Sie sind fünfundachtzig Jahre alt, sitzen gemütlich in Ihrem Ohrensessel und blicken auf Ihr Leben zurück. Bei welchen Dingen werden Sie traurig sein, wenn Sie sie nicht gemacht haben? Ein eigenes kleines Café eröffnen? Im Ausland leben? Den Ruderschein machen? Ein Buch schreiben? Eine Weile im Kloster leben? Einen Pilgerweg gehen?

Was können Sie heute tun, damit Sie im Alter zufrieden und dankbar in Ihrem Sessel sitzen?

Stecken Sie Ihre Energie in Aufgaben, die Sie wirklich lieben, für die Ihr Herz schlägt. Mit wenig Aufwand werden Sie zu einer Zufriedenheit ausstrahlenden Persönlichkeit. Langeweile wird zunehmend ein Fremdwort. Verwirklichen Sie Ihre Ziele und machen Sie heute den ersten Schritt. Nutzen Sie Ihr Tagebuch beim Pläneschmieden.

Herzenswert: Zähigkeit

Was kann so wichtig sein, dass ich mich durchbeiße und zäh dranbleibe? Gehen Sie zunächst wieder auf die Suche nach Wortspielen und Synonymen. Zum Beispiel: Zäh wie Leder. Eine zähe Natur haben. Widerstandsfähig sein. Zäh vorankommen. Langsamkeit. Beharrlichkeit. Zähflüssigkeit. Ein zäh fließender Honig. Was beiße ich durch?

Nicht umsonst heißt es in einem japanischen Sprichwort, das mir gut gefällt: „Wenn du es eilig hast, mach einen Umweg." Schnell, schnell soll es oft gehen. Wir wollen nicht gerne ausharren, wo es schwierig und unangenehm wird. Wer sich hier durchbeißt und die Zähflüssigkeit des Lebens aushält, wird sich damit selbst belohnen. Denn dann sind Gefühle wie Zufriedenheit, Dankbarkeit, Stolz, Freude und auch Erleichterung präsent.

Haben Sie schon einmal Zähigkeit bewiesen?

Was können Sie tun, um diesem Wert in den nächsten Tagen mehr Beachtung zu schenken? In welchen Situationen möchten Sie mehr Zähigkeit beweisen? Wie könnte das konkret aussehen? Schreiben Sie Ihre Gedanken in Ihr Buch und tragen Sie sich Ihre Pläne in Ihren Kalender ein.

4 Sei zeitklug – 4 Regler, um die Zeitqualität zu steuern

Nun kommen wir zu vier weiteren Reglern, die über die bloße Tempo-Dimension hinausgehen. Hier geht es darum, die Nuancen von Zeitqualität beherrschen zu lernen. Das klingt ganz schön machtvoll, was?

Die folgenden vier Regler sorgen für qualitative Zeitklugheit. In der ersten Hälfte dieses Buches haben Sie sich intensiv damit auseinandergesetzt, wer oder was über Ihre Zeit mitbestimmt. Wenn wir klug in unserem Sinne das Lebenstempo mitbestimmen möchten, dann müssen wir natürlich mit den Gegebenheiten umgehen. Wir können nicht einfach alles ignorieren und machen, was wir wollen. Aber: Wir können lernen, aktiv einzugreifen, um in einer momentanen Phase geschickt das Tempo mitzugestalten. Vor allen Dingen aber geht es bei der Zeitklugheit darum, auch mittel- und langfristig zu denken, damit Sie das für Sie beste Lebenstempo etablieren können. Damit das gelingt, braucht es diese Qualitäten:

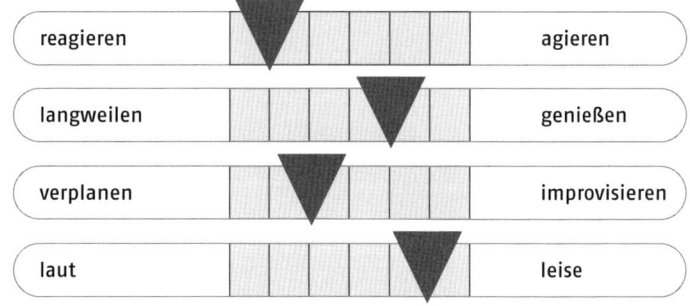

Dirigent oder Orchestermitglied: Der Regler „reagieren – agieren"

Aktion und Reaktion sind wesentliche Lebensbausteine. Wir reagieren auf das, was andere sagen oder tun, wir reagieren auf Umstände und Schicksalsschläge. Das ist ganz normal. Auf die Anforderungen des Lebens zu reagieren, ist nicht nur von Vorteil (weil sie dann erledigt sind), sondern oft notwendig, damit es weitergeht. Denn auch wenn wir nichts tun, ist das eine Entscheidung, die Konsequenzen nach sich zieht.

Genauso wichtig ist es, aktiv zu sein. Auf andere zuzugehen, uns Möglichkeiten zu eröffnen, die Dinge in die Hand zu nehmen. Das gibt uns das Gefühl von Freiheit und Selbstbestimmtheit. Wer sein Leben aktiv gestaltet, strahlt Zufriedenheit aus.

Selbsteinschätzung: Wo steht Ihr Regler momentan?

Mal sind Sie der Dirigent Ihres Lebenstempos, dann wieder gibt jemand anderes den Takt vor. Damit Sie einen sinnvollen Bogen spannen können, ist es wichtig, sich erstmal bewusst zu werden, wie Sie Ihre Aktionsweite momentan einschätzen – und wie Sie vom Typ her sind:

Wie schätzen Sie Ihr Leben momentan insgesamt ein: Reagieren Sie momentan eher – oder sind Sie proaktiv?

reagieren						agieren

Jeder von uns hat eine ureigenste Anlage. Gehören Sie „eigentlich" eher zur passiven Truppe, die gern auf Situationen reagiert? Oder sind Sie eher jemand, der Aktion zeigt?

reagieren						agieren

Aus diesen beiden Kreuzen können Sie herauslesen:

■ **Wie steht's mit meinem Aktionsradius?**
Bin ich abhängig vom „System", von anderen oder den Umständen oder
bin ich der Manager meiner Zeit?

■ **Wonach sehne ich mich im Grunde meines Herzens?**
Habe ich mich an Situationen gewöhnt, die meine Bedürfnisse unter-
graben? Es macht viel Sinn, immer wieder mal innezuhalten und zu
überprüfen: Was brauche ich eigentlich?

■ **Entspricht der Rhythmus meiner Persönlichkeit?**
So manche, die eigentlich lieber aktiv sind, werden ausgebremst. Um-
gekehrt tut den Passiven eine kleine Prise Aktivität gut, um sich mit dem
Gefühl von Freiheit und Selbstbestimmtheit anzufreunden.

Experimentieren Sie mit beiden Seiten. Sie wissen ja: Sie allein bestimmen, wie Sie Ihre Regler einstellen. Damit Sie Aktion und Reaktion
gezielt einsetzen können, gilt es, beide Qualitäten zu üben. Je versierter Sie beide Seiten beherrschen, desto leichter können Sie den Diri-
gentenstab für Ihren Aktivitätsfaktor einsetzen.

Für alle Passiven: Den Dirigentenstock übernehmen

Gehören Sie zu den Menschen, die morgens nicht wissen, was der
Tag bringt? Sie planen höchstens kurze Zeitabschnitte. Immer wieder
zögern Sie, den ersten Schritt zu tun. Sie benötigen immer einen kleinen Schubs von außen. Sie mögen es, wenn Ihnen jemand sagt, was
zu tun ist, und den nächsten Schritt vorgibt. Wenn Sie aber wissen, was
zu erledigen ist, dann erlebt man Sie als äußerst zuverlässig, höchst
aktiv, schnell und kompetent. Sie fühlen sich ganz wohl in Ihrer
Haut, wenn Sie reagieren können. Sie sind es gewohnt, fremdbestimmt zu arbeiten. Das Zepter in die Hand zu nehmen und selbst
aktiv zu werden, bereitet Ihnen unsichere Gefühle. Diese vermeiden
Sie lieber.

Halten Sie mal den Dirigentenstock!

Stellen Sie sich für einen Moment vor, ein Orchester zu dirigieren. Mit großem Interesse habe ich von Workshops gelesen, in denen die Teilnehmer lernen, ein Orchester zu leiten. Das ist gar nicht so einfach. Die Musiker reagieren auf das, was der Dirigent vorgibt. Da kommt so mancher Laie ins Schwitzen, weil das Orchester stumm bleibt oder wild durcheinanderspielt. Nur mit Vertrauen in sich und die anderen gibt man erfolgreich den Takt vor.

Jeder – auch Sie – kann in die Rolle des Dirigenten schlüpfen. Das ist auch immer wieder notwendig. Wenn Sie nämlich immer nur auf andere reagieren, könnte es sein, dass Ihr Aktionsradius relativ eingeschränkt ist. Das ist zunächst auch ganz in Ordnung, wenn es Ihnen damit gut geht. Es könnte aber sein, dass Sie sich insgeheim danach sehnen, Ihre eigenen Wünsche und Bedürfnisse zu erfüllen.

Vielleicht schwingt eine gehörige Portion Furcht mit, aktiv zu sein. Denn es könnte sein, dass Sie sich abhängig machen von der Meinung der anderen. Was könnte jemand über Sie denken? Erst wenn Sie an der Aktionsschraube für Ihr Leben drehen, kann sich eine ganz neue Sichtweise auf die Dinge ergeben.

Selbstbestimmtheit macht frei und unabhängig. Und wer sich frei und unabhängig fühlt, ist zufrieden und glücklich und strahlt das auch aus.

Der Aktivitätsfaktor

- fördert Ihr Selbstvertrauen, weil Sie sich etwas (zu)trauen,
- zeigt Ihnen neue Perspektiven und Möglichkeiten, wenn Sie Neues wagen,
- kann die Lebensfreude erhöhen, weil Sie neue Gefühle kennenlernen, die sich wie Schmetterlinge im Bauch anfühlen.

Nun ist das mit dem Agieren gar nicht so einfach, wenn man es gewohnt ist, auf alles zu reagieren.

Aktivitäts-Trainingsprogramm

Bringen Sie dosiert, aber kontinuierlich, mehr Aktivität in Ihr Leben:

1. Übung: Wenn ich könnte, wie ich wollte, dann ...

... würde ich. Kennen Sie diesen Gedanken?

Nehmen Sie sich einen Kaffee oder einen Tee und machen Sie es sich gemütlich. Hier an Ihrem Ort, an dem Sie sich wohlfühlen, schreiben Sie bitte eine Liste:

Wenn ich könnte, wie ich wollte, dann würde ich:

1 _____

_____

_____

2 _____

_____

_____

3 _____

_____

_____

Lesen Sie erst weiter, wenn Sie wenigstens zwei bis drei Dinge aufgeschrieben haben.

Zu jedem Satz, den Sie notiert haben, überlegen Sie bitte:
- ■ Warum tue ich nicht, was auf meiner Liste steht?
- ■ Wovor habe ich Angst?
- ■ Was könnte bestenfalls passieren?
- ■ Was wäre ein erster zaghafter Schritt zur Verwirklichung?

- Wann könnte ich es ausprobieren?
- Wie weit bin ich noch entfernt?
- Kann mich jemand unterstützen?
- Wie wird es mir gehen, wenn ich es ausprobiere?
- Welche Gedanken und Gefühle begleiten mein Vorhaben?

2. Übung: Bringen Sie Rituale in Ihr Leben: Beziehung gestalten

Zeigen Sie sich, indem Sie sich zu dem bekennen, was Ihnen wichtig ist. Das können regelmäßig wiederkehrende Ereignisse oder Treffen sein, die Ihnen wichtig sind. Rituale geben Halt und teilen das Leben sinnvoll ein. Wenn Sie immer nur reagieren, bleibt kaum Zeit, sich der eigenen Wünsche und Bedürfnisse bewusst zu werden. Deshalb nehmen Sie sich wenigstens eine Stunde Zeit und überlegen Sie einmal, welche Termine, Verabredungen und immer wiederkehrenden „Feste" Ihnen mit Ihrer Familie oder Freunden wichtig sind.

Für mich gehört das chinesische Frühlingsfest Anfang des Jahres dazu, seitdem ich in Hongkong gelebt habe. Ich lade Freunde ein, koche ein chinesisches Gericht und genieße den Abend.

Familien treffen sich zum „Familienrat", Paare zum Zwiegespräch, Freundinnen zur Thai-Massage, Freunde zum Saunagang. Immer steht das Gespräch im Mittelpunkt: Ich finde, es ist ein wunderbares Ritual, um aus dem Hamsterrad „Reagieren" auszusteigen. Sie gestalten aktiv mit und halten Beziehungen, die Ihnen wichtig sind, lebendig.

Wann werden Sie aktiv? Tragen Sie Ihre Rituale in Ihren Kalender ein und halten Sie sich daran.

3. Übung: Reaktion ist gut. Kontrolle ist besser!

Müssen SIE eigentlich all das tun, worauf Sie reagieren? Ich erlebe immer wieder, dass Aufgaben nicht ausreichend definiert sind. Dies birgt die Gefahr, dass alles und jedes möglich ist. Sie werden so schnell zum „Mädchen für alles". Stellen Sie sich diese Fragen: Wer tut was? Wann? Warum?

Schwierig wird es, aus dem „Reagieren-Muster" herauszukommen, wenn andere die Dinge dringend und wichtig machen (weil ein Termin vergessen wurde oder ein Kunde verärgert anruft). Deshalb nehmen Sie sich bitte etwas Zeit und listen Sie Ihre Aufgaben auf, auf die Sie reagieren müssen. Und dann beantworten Sie sich folgende Fragen:

- Muss ICH es tun? Wer kann es noch erledigen?
- Muss es SO erledigt werden? Gibt es andere Möglichkeiten?
- WANN muss es erledigt werden? Sofort oder gibt es Alternativen?

Wie geht es Ihnen mit Ihren Antworten? Können Sie schon morgen etwas anders machen? Notieren Sie Ihre Gedanken in Ihrem Tagebuch.

Für alle Proaktiven: Einen Schuss Passivität ins Leben bringen

Gehören Sie zu denen, die das Wort „proaktiv" lieben? Sie planen langfristig und arbeiten gern selbstbestimmt. Sie wissen morgens immer, was der Tag bringt, und können gut Arbeit verteilen. Es macht Ihnen Spaß, die Dinge in die Hand zu nehmen. Bevor Ihnen jemand sagen könnte, was es zu tun gibt, haben Sie schon längst die Projektliste mit den „To-dos" geschrieben. Es kommt Ihnen gar nicht in den Sinn, abzuwarten oder mal eine Nacht über eine neue Idee zu schlafen. Die, die das gut können, verdrehen da schon mal gern die Augen, wenn Sie mit Ihren eifrigen Aktivitäten vorpreschen. Oftmals macht es jedoch viel Sinn, ein Vorhaben nicht sofort und aktiv anzugehen, sondern auch mal den Fluss des Lebens abzuwarten. Gemäß der asiatischen Weisheit: „Das, was ich mir wünsche, ist nicht immer das, was mich glücklich macht." Manchmal sind es die ungewollten und ungeplanten Dinge, die uns reicher machen.

Den Aktivitätsfaktor reduzieren

Wenn Sie eher zu den eifrigen Ameisen gehören, dann ist das erstmal wunderbar. Lassen Sie sich nicht ausbremsen! Wenn Sie merken, dass Ihr Gegenüber zögert, fangen Sie ruhig schon an mit dem Planen.

Nun gibt es natürlich auch einen Zusammenhang zwischen großer Aktivität und Angst: Es könnte sein, dass Ihnen Passivität unangenehme Gefühle bereitet. Sie sind davon überzeugt, dass Sie etwas Wesentliches verpassen würden, wenn Sie dieses oder jenes nicht täten. Sie müssen immer etwas schaffen, um sich das Gefühl von Aktiv-Sein zu erhalten.

Das kann dazu führen, dass ...

- Sie vor lauter Aktivität den Kontakt zu sich selbst verlieren.
- Sie unzufrieden und mürrisch werden.
- Ihnen die Zeit und Ihr Leben durch die Finger rinnt und Sie sich immer wieder fragen: Soll es das gewesen sein? Was habe ich eigentlich heute getan?

Machen Sie sich also ruhig auch einmal mit der Kehrseite des Agierens vertraut!

Passivitäts-Trainingsprogramm

Trauen Sie sich, ab jetzt täglich einen Schuss Passivität in Ihr Leben zu bringen:

1. Übung: Etwas weniger tut es auch

Sie merken selbst, dass Sie ständig in Aktion sind und gerne mal aus dem aktiven Hamsterrad herausklettern würden. Aber das ist oft wie mit den guten Vorsätzen zum Jahresanfang, die in der Regel nicht lange vorhalten. Zu steil sind die Anforderungen.

Deshalb nehmen Sie sich Zeit. Machen Sie es sich gemütlich: Überlegen Sie mal, was schon so richtig gut läuft im Alltag. Womit sind Sie zufrieden? Notieren Sie alles in Ihrem Trainingsbuch. Was ist noch nicht ganz gelungen, kann aber noch werden?

Packen Sie nicht alles auf einmal an. Beginnen Sie mit einer Sache. Auch eine kleine Kurskorrektur ist schon hilfreich. Beginnen Sie jetzt damit.

Was darf heute liegen bleiben? Wie geht es Ihnen bei diesem Gedanken, dass es schon gut ist, wie es ist? Nutzen Sie Ihr Notizbuch und schreiben Sie, was Ihnen in den Sinn kommt.

2. Übung: Eigentlich wäre es schön, mal wieder ...

Vieles von dem, was Sie tagtäglich tun, hat auch mit Nein- oder Ja-Sagen zu tun. Und wenn Sie zu denjenigen gehören, die immer aktiv sind, dann werden Sie auch gerne „Ja" sagen zu neuen Projekten und Aufgaben, weil Sie sich gefordert fühlen und Sie sich die Anerkennung wünschen. Probieren Sie es einmal mit einem Nein. Denn Sie haben sowieso schon genug zu tun, nicht wahr? Wenn Sie „Nein" sagen, signalisieren Sie ein deutlich „Ja" zu etwas anderem. Damit es Ihnen nicht so ergeht wie George Clooney, der in einem Film, der auf der Sonnenscheininsel Hawaii spielt, erzählt: „Alle surfen ... nur ich habe seit Jahren nicht auf dem Surfbrett gestanden." Er sieht dabei nicht glücklich aus. Oder wie einem meiner Bekannten, der dieser Tage sehnsüchtig meinte: „Ach, mal wieder im Baumarkt bummeln gehen, ohne großes Ziel."

Deshalb meine Frage für Sie: Was möchten Sie eigentlich mal wieder machen? Was liegt schon lange brach? Wonach sehnt sich Ihr Herz? Füllen Sie Ihren Kalender mit Zeit für etwas Schönes, das Sie schon lange nicht mehr gemacht haben. Gönnen Sie sich diese Freudenstunden – Ihren Termin zum Freuen.

3. Übung: Einfach (nur) da. Reifen lassen

Denken Sie, Sie müssten etwas tun, damit etwas Entscheidendes in Ihrem Leben passieren soll? Dann beschäftigt sich diese Übung genau mit dem Gegenteil. Was glauben Sie, wie viel von der Zauberkraft Ihres Herzens verloren geht, weil Sie jeden Tag rennen, hinterherlaufen, Ihren Platz behaupten? Vielleicht sind Sie auch immer ein bisschen sich selber vorweg? Darf ich Sie einladen, Platz zu nehmen und mal nach innen zu schauen?

Darf das, was Sie wertvoll macht und auszeichnet, mehr Tiefe bekommen und reifen? Wie reift zum Beispiel ein alter Käse oder ein guter Rotwein? Indem er einfach nur daliegt in einem „guten Klima".

Wie steht es mit Ihnen? Schaffen Sie ein gutes Klima für sich selbst? Geht es Ihnen gut in Ihren vier Wänden? Haben Sie einen Lieblingsplatz, wo Sie sich gerne aufhalten? Und wenn Sie ihn sich schaffen? Was können Sie noch für sich tun? Wie kann das, was Sie sind, in Ihnen gut reifen?

Herzenswert: Entwicklung

Auf Entwicklung vertrauen, können Sie das? Bestehendes weiterführen, entspricht Ihnen das?

Welche Synonyme und Wortspielereien gibt es dazu? Veränderung, Prozess, Werden, Wachsen, Entfaltung, Gedeihen, Wachstum, Reifen, Fortgang, Zunahme, Aufstieg, Zuwachs, Steigerung, Fortschritt. Etwas wird vergrößert, ausgebaut, verbessert, vervollständigt oder vollendet. Man kann sich weiterentwickeln, weiterbilden, fortbilden, dazulernen, leben lernen, an sich arbeiten, reifen, sich verbessern.

Entwicklung bedeutet, dass wir nicht stehen bleiben. Wir klettern eine Stufe weiter, erreichen das nächste Level, sind offen für Wachstum. Wir haben immer eine Alternative. Wir können wählen zwischen Stillstand oder Fortgang. Wir schreiben Entwicklungsgeschichte oder fragen nach dem Entwicklungsstand. Wir sprechen von rückläufiger oder kontinuierlicher Entwicklung. Wie viel Zeit steckt in einer Entwicklungsphase? Über welche Entwicklung freuen Sie sich besonders?

Was können Sie tun, um diesem Wert in den nächsten Tagen mehr Beachtung zu schenken? Was können Sie tun, um den Wert „Entwicklung" für sich zu erfüllen? Schreiben Sie Ihre Einfälle in Ihr Buch und tragen Sie sich Ihre Vorhaben in Ihren Kalender ein.

Zwischen Routine und Life Enrichment: Der Regler „langweilen – genießen"

Die Langeweile hat keinen guten Ruf und wird deshalb gerne verschmäht. Heutzutage langweilt man sich doch nicht, sondern hat immer was vor! Dabei ist doch gar nichts dabei, sich auch mal auf der Couch zu lümmeln. Mal! Denn wenn es nicht darum geht, einfach mal auszuruhen und faul zu sein, sondern wenn wir dauerhaft nicht wissen, was wir mit uns anfangen sollen, dann kippt es ganz schnell: Dann kommt nämlich der große Frust. Denn zu viel Langeweile macht lahm.

Andere dagegen tanzen auf allen Hochzeiten und genießen das Leben in vollen Zügen. Sie schwelgen und gönnen sich, was ihnen in den Sinn kommt. Genießen bedeutet, Lust und Vergnügen erleben. Doch zu viel Genuss bereitet im übertragenen Sinn „Sodbrennen".

Wenn es uns gelingt, mit beiden Seiten bewusst umzugehen, dann können wir das Leben wirklich genießen.

Selbsteinschätzung: Wo steht Ihr Regler momentan?

Ihr Leben hat manchmal eintönig-monotone und dann wieder genießerische Episoden. Damit Sie einen sinnvollen Bogen spannen können, ist es wichtig, sich erstmal bewusst zu werden, wie Sie Ihr Leben momentan einschätzen – und wie Sie vom Typ her sind:

Wie schätzen Sie Ihr Leben momentan insgesamt ein: Dümpeln Sie eher vor sich hin und wissen nichts mit sich anzufangen oder genießen Sie das Leben in vollen Zügen? Setzen Sie wieder Ihr Kreuz:

langweilen						genießen

Und wie ist es denn so bei Ihnen: Sind Sie „eigentlich" eher phlegmatisch, vom Typ her? Oder sind Sie ein Hedonist, der sich immer schon fröhlich ins Leben gestürzt hat ?

langweilen						geniessen

Aus diesen beiden Kreuzen können Sie drei wichtige Dinge herauslesen:

▦ Wie ist es um meine aktuelle Lebensqualität bestimmt?

Nehme ich die guten Seiten im Leben wahr, kann ich überhaupt genie-ßen – ob das nun Essen, freie Zeit oder das Glück über meine schöne Wohnung ist? Weiß ich etwas mit mir anzufangen? Habe ich Pläne für den nächsten Tag, fürs Wochenende und für mein Leben?

▦ Wie bin ich im Grunde meines Herzens?

Wir Menschen sind zum Glück sehr anpassungsfähig. Das heißt aber leider auch, dass wir uns an Situationen gewöhnen, die uns nicht so guttun und uns in einen Strudel reißen. Und da ist es um keinen Deut besser, im unruhigen Genussstrudel festzustecken – oder das Leben vor dem Fernseher zu vertrödeln.

▦ Entspricht der Rhythmus meiner Persönlichkeit?

So manche, die eigentlich lieber genießen wollen, kommen nicht ins Tun. Doch das ist noch nicht alles: Zu viel Genuss bekommt uns auch nicht. Wer auf allen Hochzeiten tanzt, läuft Gefahr, wahllos zu kon-sumieren. Sehr oft ist unsere „eigene Persönlichkeit" übrigens einfach erlernt und von unserer Umwelt geprägt. Schauen Sie also ganz genau hin, wie Sie sich selbst einschätzen, und hinterfragen Sie ruhig einmal genauer, warum das so ist.

Sie wissen ja: Sie bestimmen, wie Sie individuell Ihre Regler einstellen. Es geht nicht darum, dass Sie immer die Mitte erreichen. Damit Sie Langeweile und Genuss gezielt einsetzen können, gilt es, beide Qualitäten auszuprobieren. Je versierter Sie beide Seiten beherrschen, desto reicher werden Sie sich fühlen.

Für alle, die sich langweilen: Durch Genuss die Sinne schärfen

Gehören Sie zu denen, die viel Zeit haben und sich langweilen? Sie wollen so viel und können nicht? Sie haben das Gefühl, nicht zu wissen, was Sie mit sich und der Zeit wirklich anfangen sollen? Das Leben ist Routine geworden. Manchmal spüren Sie eine Leere. Manchmal fühlen Sie sich wie gelähmt. Dabei wissen Sie, dass das Leben bunt und vielfältig ist, und sehnen sich danach, mitzumischen.

Schärfen Sie die Sinne!

Vor vielen Jahren las ich über eine Führungskraft, die nach dem Sinn im Leben fragte. Der sei ihm abhandengekommen. Der Mann langweilte sich in der Routine. Was er noch tun könne? Sollte es das gewesen sein? Sollte er ins Ausland gehen? Ein Buch schreiben? Sich selbstständig machen? Da war einer schwer in der Lebenskrise. Der Manager hörte seitens des Coachs unbequeme Fragen: Wo er in seinem privaten und beruflichen Leben etwas Naheliegendes verändern könne? Was mache Sinn im Hier und Jetzt? Es geht eben nicht immer um neue Projekte oder sonstigen Aktionismus. Man muss nicht immer alles auf den Kopf stellen. Es sind die kleinen Dinge im Leben, die glücklich und zufrieden machen können. Darum heißt es jetzt: Raus aus der Komfortzone! Wenn Ihnen das Leben langweilig ist, dann sind Sie nämlich im alten Trott.

Wenn Sie aus Ihrer Komfortzone aussteigen,

- werden Sie sich Ihrer Ideen, Bedürfnisse und Wünsche bewusst.
- öffnet sich Ihnen der Blick auf neue Möglichkeiten.
- wird Sie das motivieren und Schwung ins Leben bringen.
- entdecken Sie Sinn und Ihre Genussfähigkeit.
- werden Sie lebensfroher. Das spüren auch Ihre Mitmenschen.

Genuss-Trainingsprogramm

Bringen Sie dosiert, aber kontinuierlich, mehr Schwung und Sinn in Ihr Leben:

1. Übung: Hilfe, ich habe Zeit. Die langweiligen Phasen genießen

Betrachten Sie die Langeweile doch mal positiv. Wenn man das Wort auseinanderpflückt, ergeben sich zwei Worte: „Lange" und „Weile". Eine lange Weile = genug Zeit! Langeweile-Zeit ist nicht zielorientiert ausgerichtet. Man darf mal etwas machen, ohne Ziel und Ergebnis. Andere stöhnen und jammern, dass ihnen die Zeit durch die Finger rennt. Sie aber haben Zeit! Genießen Sie das! Ab heute beginnen Sie, die „Ich-weiß-nicht-was-ich-tun-soll-Phase" genüsslich auszudehnen.

Sie liegen schon auf der Couch? Gut so! Schimpfen Sie ab heute nicht mehr über sich, sondern klopfen Sie sich anerkennend auf die Schulter, dass Sie solche „Ich-hab-Zeit-Phasen" haben. Was für ein Luxus! Was für ein Genuss! Machen Sie ein kleines Fest daraus. Wie geht es noch schöner? Mit Musik und Kerzenschein? Heißer Schokolade oder Champagner?

Achten Sie darauf, was sich verändert, wenn Sie nicht länger Ihren inneren Schweinehund beschimpfen oder Ihren Kopf zermartern mit der Frage „Was könnte ich jetzt tun?". Welche Gedanken und Gefühle stellen sich ein, wenn Sie sagen: „Okay so!"? Genießen Sie weiter, dass Sie viel Zeit haben.

2. Übung: Überschüssige Zeit sinnvoll nutzen

Aus der Langeweile auszubrechen hat natürlich ein Stück weit mit Selbstdisziplin zu tun. Sie wissen ja: Zu viel Langeweile macht lahm. Wenn Sie Ihren Regler momentan im Leben also ganz weit auf links stehen haben, dann ist eine Extraportion Aufrappeln nötig, um wieder in die Gänge zu kommen.

Machen Sie eine Liste, was Sie alles tun könnten, wenn Sie das nächste Mal nichts mit der Zeit anzufangen wissen: Sie könnten Sport treiben, die Wohnung schön aufräumen, Freunde treffen, ins Kino gehen, eine Weiterbildung beginnen. Suchen Sie sich Dinge aus, an denen Sie früher Spaß hatten, die Sie gerne mal ausprobieren wollen, die Sie „eigentlich" mal wieder tun möchten. Es geht um Genuss! Der kann auch darin bestehen, dass Sie den nächsten Wocheneinkauf nicht „zacki, zacki" erledigen, sondern mit einem Bummel verbinden und sich noch in ein Café setzen. Füllen Sie Ihre Zeit mit kleinen qualitativen Verbesserungen aus.

3. Übung: Verschüttetes aufdecken. Eine Zeitstrahlübung

Wir gehen auf dem Zeitstrahl einige Jahre zurück. Überlegen Sie: Was habe ich früher gerne getan? Als Kinder sind wir Feuer und Flamme für Wissen, Spiele oder Sport. Auch als Jugendliche haben wir meistens etwas ganz besonders gerne gemacht: Musik von dieser einen Band so gerne gehört, stundenlang mit Freunden etwas gebaut oder Sie haben sich begeistert Geschichten ausgedacht.

Malen Sie in Ihrem Lebenstempo-Tagebuch eine Zeitleiste über eine Doppelseite. Zeichnen Sie Ihr Leben in 5-Jahres-Schritten ein. Jetzt versetzen Sie sich jeweils zurück: mit ca. 5 bei der Einschulung, mit 10, mit 15, mit 20 … Denken Sie an jede dieser Phasen und überlegen Sie: Was habe ich damals total geliebt? Was habe ich gern gemacht, ohne dass man mich anschieben musste? Was hat mich glücklich gemacht?

Erinnern Sie sich an schöne Details: Ihr Kumpel aus der Schule, welche Musik lief damals im Radio, was haben Sie gern im Fernsehen geschaut? So was bringt unsere Erinnerung in den Fluss.

Sehen Sie sich dann Ihre Ausbeute an und fragen Sie sich: Wo finde ich dies in meinem heutigen Leben wieder? Wie kann ich es auf mein jetziges Leben angepasst wieder aufnehmen? Übrigens: Es geht gar nicht darum, etwas 1:1 wieder zu machen, oft geben uns diese frühen Leidenschaften einen Hinweis, was uns prinzipiell wahnsinnig gut gefällt und guttut.

Für alle Genussmenschen: „Runterschalten" lernen

Gehören Sie zu den Menschen, die ihr Leben so richtig genießen können? Wo auch immer Sie sind, Sie genießen die Natur, die Umwelt, ein schönes Essen. Alles ist wunderbar. Sie strahlen Lebensfreude aus. Sie werden von anderen um Ihre Genussfähigkeit beneidet. Langeweile kennen Sie kaum.

Bewusste Genussfreude macht wirklich reich

„Nichts ist schwerer zu ertragen als eine Reihe von guten Tagen", weiß der Volksmund. Wenn Sie zu den Genussmenschen gehören, dann ist Ihnen dieser Satz sicher nicht ganz fremd. Sie spüren, dass Sie von anderen um Ihre Genussfähigkeit beneidet werden. Sie genießen das Leben in vollen Zügen. Es könnte allerdings sein, dass Sie vor lauter Genießen keine bewusste Auswahl mehr treffen. Oft tanzen Genussmenschen auf vielen Hochzeiten. Wenn Sie Ihr Kreuzchen ganz rechts gemacht haben, dann tendieren Sie vielleicht zum Schwelgen und zum Aktionismus. Sie können aus dem Vollen schöpfen, und doch fehlt etwas.

Machen Sie sich also ruhig auch einmal mit der Kehrseite des Genießens vertraut! Denn ein Zuviel an Sinnesfreuden kann dazu führen, dass …

- Sie Ihre Genussfähigkeit überstrapazieren.
- Sie Ihren Kalender wahllos füllen, nur damit er gefüllt ist.
- Sie blind werden für Ihre wahren Bedürfnisse.
- Sie trotz allem gegen Ihre Werte leben.

Es macht deshalb viel Sinn, bewusst genießen zu lernen. Machen Sie sich auch einmal mit der Kehrseite des Schwelgens vertraut!

„Weniger ist mehr"-Trainingsprogramm

Entscheiden Sie sich bewusst, ab und an auch mal Abstriche zu machen und einen Gang „runterzuschalten".

1. Übung: Enthaltsamkeit

Es klingt merkwürdig, den Genuss-Regler etwas zurückfahren zu lernen, denn ist nicht Genuss etwas, von dem wir nicht genug kriegen sollten? Jein. Um souverän die ganze Bandbreite der Zeitklugheitsregler einsetzen zu können, ist es auch wichtig, sich einmal vom Genuss im Außen zu lösen. Dass Sie ein genussfreudiger Mensch sind, ist ganz wunderbar, doch Genüsse sind manchmal eben auch Ablenkungen. Und sie können dazu führen, dass wir uns an einen bestimmten Standard gewöhnen, ohne den wir nicht mehr können.

Das erste Alltagstraining spielt mit der Enthaltsamkeit: Nehmen Sie sich bewusst Dinge im Leben, auf die Sie gezielt verzichten. Das kann bedeuten, dass Sie sich für eine Fastenkur entscheiden. Es kann sein, dass Sie nicht jeden Abend auf Achse sind. Suchen Sie sich gezielt Dinge aus, bei denen Sie selbst schon das Gefühl haben, dass Sie etwas zu viel machen. Eventuell, weil sich ungute Konsequenzen daraus ergeben (z. B. „Ich gebe zu viel Geld für xy aus") oder weil Sie merken: „Hier bin ich irgendwo auf der Flucht. Vielleicht davor, mich mit ganz persönlichen Fragen zu befassen."

2. Übung: Life Enrichment. Mit allen Sinnen genießen

Sperren Sie Augen und Ohren auf beim nächsten Spaziergang. Jetzt heißt es, das ganz normale Umfeld mal etwas intensiver wahrzunehmen, den Genuss im Kleinen zu finden:

Die Augen: Lassen Sie die Augen weit blicken. Was sehen Sie in der Ferne? Dann gucken Sie wieder nah. Was sehen Sie jetzt? Da unsere Augen fast immer auf einen Bildschirm gucken, tun diese „Entlastungsübungen" und der Genuss besonders gut.

Die Ohren: Spitzen Sie die Ohren. Genießen Sie, wenn Sie NICHTS hören. Genießen Sie, wenn das Eichhörnchen durch das Laub raschelt. Was hören Sie noch?

Die Nase: Riechen Sie den feuchten oder trockenen Waldboden. Welche Bilder tauchen auf? Was schnuppern Sie? Möchten Sie tief einatmen?

Die Zunge: Schmecken Sie die Beeren am Wegesrand. Walderdbeeren. Himbeeren. Blaubeeren. Wie schmeckt eigentlich eine Tannennadel? Schon mal probiert?

Die Haut: Umarmen Sie einen Baumstamm. Fühlen Sie die Rinde an Ihrer Haut. Wie fühlt sie sich an? Lehnen Sie sich an den Baumstamm und spüren Sie hin: Sie leben.

3. Übung: Sorgen Sie für gezielte Langeweile

Nehmen Sie sich an einem Abend pro Woche oder an einem ganzen Tag am Wochenende einmal gar nichts vor. Also nicht Wellness-Entspannungsprogramm oder gemütliches Kaffeetrinken mit der Freundin, sondern wirklich mal nichts. Schauen Sie, wie es Ihnen mit sich selbst geht. Wie gut können Sie sich aushalten? Wie gut können Sie alleine sein? Wie fühlen Sie sich? – Keine Sorge: Sie dürfen ... und sollen ... diese Alleine-Zeit natürlich genießen. ☺ Aber Seien Sie nicht überrascht, wenn es anfangs schwerfällt.

Herzenswert: Neugier

Begegnen wir der Langeweile doch mal neugierig und betrachten das Genießen aus einer anderen Perspektive. Ich meine Neugier im positiven Sinne. Neugierig sein heißt sich interessieren, Interesse wecken, Anteilnahme zeigen. Man horcht auf, wird aufmerksam, bekommt Lust, erwärmt sich, begeistert sich, hängt an jemandes Lippen, man steckt womöglich seine Nase in alles.

Wir sind manchmal gierig nach Neuem. Aber auch gierig nach lustvollem Essen und kleinen Leckerbissen. In Neu-Gier steckt das Wörtchen „neu". Wir nehmen Neues gierig auf. Schauen wir weiter nach Wortspielereien und Synonymen. Ich entdecke: Interesse, Wissbegier, Wissensdurst, Fragelust, Forschertrieb, Ungeduld, Gespanntheit.

Neugier nicht ganz so freundlich gemeint: Sensationslust, Klatschlust, Naseweisheit, Schnüffelei, Ausfragerei, Vorwitz, Naseweisheit.

Manchmal werden wir neugierig, weil wir etwas hören oder sehen, schmecken oder riechen. Dann verfolgen wir eine Spur, wollen es wissen, stellen Fragen. Mir persönlich gefällt das: neugierig werden. Ich stelle fest, dass ich andere Fragen stelle als mein Mann. Er ist auch neugierig, bohrt aber tiefer, will es noch genauer wissen als ich.

Was können Sie tun, um diesem Wert in den nächsten Tagen mehr Beachtung zu schenken? Wann sind Sie neugierig? Wann WERDEN Sie neugierig? Wie fühlt sich Neugierde an? Spüren Sie ein Prickeln im Bauch? Energie in Ihrem Herzen? Können Sie der Langeweile mit Neugier begegnen? Was passiert dann? Schreiben Sie alles in Ihr Buch und tragen Sie sich Ihre Vorhaben in Ihren Kalender ein.

Notenblatt oder Jam-Session: Der Regler „verplanen – improvisieren"

Pläne zu schmieden gibt uns das Gefühl, Ziele zu erreichen. Wir haben den Überblick und alles im Griff. Wir fühlen uns sicher. Nichts bringt uns aus dem Konzept. Wir sind erfolgreich, berechenbar und berechnen selber jedes Tun. Wir sind nicht Opfer unserer Zeit. Wer umsichtig plant, sorgt auch für private Zeitfenster, in denen echte Erholung stattfindet.

Aber! Es braucht einen Plan B für das Unvorhergesehene. Viele vergessen, dass das Leben überraschen kann – im Guten wie im Bösen.

Improvisation braucht Raum, damit sie sich entfalten kann. Die wenigsten haben dafür ein Zeitfenster geöffnet. Wer ständig nach Plan lebt, verpasst das Spiel und die Leichtigkeit im Leben. Trauen wir uns auch mal „ohne Noten" an das Leben? So wie Jazzmusiker sich zu einer Jam-Session treffen und drauflosspielen. Die hohe Kunst: Wer die Theorie beherrscht, kann sich das Improvisieren erlauben.

Selbsteinschätzung: Wo steht Ihr Regler momentan?

Wie viel Improvisation darf es für Ihren Lebensrhythmus sein? Oder spielen Sie doch lieber vom Notenblatt? Damit Sie einen sinnvollen Bogen spannen können, ist es wichtig, sich erstmal bewusst zu werden, wie Sie Ihr Leben momentan einschätzen – und wie Sie vom Typ her sind:

Wie schätzen Sie Ihr Leben momentan insgesamt ein: Sind Sie verplant oder entscheiden/handeln Sie ad hoc? Kreuzen Sie bitte an:

verplanen						improvisieren

Was für ein Typ sind Sie? Gehören Sie „eigentlich" eher zur planenden Gruppe, die klar und strukturiert ihren Zielen entgegensteuert? Oder sind Sie eher jemand, der sich vom Leben überraschen lässt und die Dinge nimmt, wie sie kommen?

verplanen						improvisieren

Aus diesen beiden Kreuzen lesen Sie drei wichtige Dinge heraus:

■ **Wie steht's mit meiner Lebensbalance?**
Idealerweise brauchen wir alles: Planung, Verplant-Sein und das Improvisieren. Das Maß ist entscheidend.

■ **Was mag ich im Grunde meines Herzens?**
In Ihren Antworten stecken viele wichtige Hinweise: Bin ich ein Kontrollfreak, der auf Sicherheit bedacht ist und die Zukunft fix vorplant ... was

zu rigider Haltung, verpassten Chancen und Enttäuschung führen kann? Oder bin ich stolz, ein Lebenskünstler zu sein, was kurioserweise genau dieselben negativen Konsequenzen haben kann? Denn wer sich nie festlegt, kann auch nicht ausdauernd auf ein Ziel hinsteuern, auf anderem aufbauen, und wirkt für die Umwelt auch nicht immer verlässlich, so sehr diese vielleicht gleichzeitig seine Spontaneität bewundert.

■ Wo stehe ich momentan im Leben?

Der direkte Vergleich „So ist es momentan – So bin ich eigentlich" ist enorm spannend. Denn hier sehen Sie deutlich, ob das Leben, das Sie momentan führen, sich positiv auf Sie auswirkt. Vielleicht ist es der Lebenspartner oder Beruf, der Sie genau in die andere Richtung führt. Möglicherweise aber finden Sie durch den direkten Vergleich auch heraus, wo es derzeit hakt.

Spielen Sie auch mit diesem Regler! Probieren Sie beide Seiten aus. Damit Sie Planung und Improvisation gezielt einsetzen können, gilt es, beide Qualitäten zu üben.

Für alle Verplanten: Spielfreude ins Leben bringen

Gehören Sie zu denjenigen, die nichts ungeplant lassen können? Schon vor dem Aufstehen ist jeder Schritt minutiös kalkuliert. Der nächste Urlaub ist auch schon weit im Voraus gebucht. Die Vorstellung, eine Tour auf eigene Faust einfach so ins Blaue hinein anzutreten, bereitet Ihnen unangenehme Gefühle. Ihnen gefällt es besser, vorab zu wissen, worauf Sie sich einlassen. Sie brauchen das Gefühl von Sicherheit und Ordnung. Sie lieben To-do-Listen und arbeiten diese eine nach der anderen ab.

Dabei bewundern Sie immer wieder anerkennend diejenigen, die ihren Alltag eher improvisierend meistern.

Laden Sie den Zu-Fall ein

Ein Plan schenkt uns das Gefühl von Sicherheit, Klarheit und Überblick. Umgekehrt löst ungeplante Zeit erstmal Verunsicherung aus. Es wird die ängstliche Frage auftauchen: „Was jetzt?" Eine Übersicht oder ein Kalender sind wunderbare Instrumente, um sich daran im wahrsten Sinne des Wortes „festzuhalten". Was passiert aber, wenn man mal loslässt?

Es gibt Tage, da befreit man sich aus dem geplanten Tageskorsett. Die Tage und Stunden, in denen man ungeplant los läuft, sind meist sehr schön und unvergesslich. Wieso? Meistens passiert etwas Unerwartetes:

- Zufällig taucht eine „alte Bekannte oder ein alter Freund" auf.
- Beim Schmökern in einer Buchhandlung entdeckt man ein neues Buch, das jetzt genau zur eigenen Stimmung passt.
- Man hört im Wald das Zwitschern der Vögel.
- Man entdeckt ein neues Café.

Durch das Ungeplante bringt man spielerische Leichtigkeit ins Leben. Indem man vom Plan abweicht und seinem Herzen folgt, lädt man den Zu-Fall ein.

Erst wenn wir loslassen und uns einlassen auf das Ungewisse, kommen wir uns wieder ein Stück näher. Kopf, Herz und Bauch sind im Einklang. Wir fühlen uns wohl. Weil sich alles stimmig anfühlt. Gefühle und Gedanken finden zueinander. Meist entwickeln sich genau in diesen ungeplanten Minuten und Stunden neue Ideen, weil man sich öffnet für neue Impulse und sich deshalb inspiriert fühlt.

Nun ist das mit dem Improvisieren gar nicht so einfach, wenn man es gewohnt ist, alles zu verplanen.

Improvisations-Trainingsprogramm

Bringen Sie dosiert, aber kontinuierlich, mehr Spielfreude in Ihr Leben:

1. Übung: Experimentieren Sie mit freien Zeitblöcken

Wenn Sie schon alles planen – und das mit viel Leidenschaft –, dann versuchen Sie doch mal, „freie Zeitblöcke" in Ihren Kalender einzutragen, in denen Sie nichts vorhaben. Diese können heißen „stille halbe Stunde" oder „Zeit für mich". Verplanen Sie diese Zeit nicht, sondern warten Sie ab, was Ihnen in den Sinn kommt. Vielleicht schon morgen?

Beobachten Sie Ihre Gefühle und Gedanken. Wie geht es Ihnen?

Planen Sie im nächsten Monat einen ganzen Tag, den Sie nicht verplanen: Sie wachen morgens auf. Der Tag liegt frisch vor Ihnen: 24 Stunden. Spüren Sie genau hin, wozu Sie Lust haben. Denken Sie nicht viel darüber nach. Machen Sie alles, was Ihnen in den Sinn kommt. Wenn Sie es sich anders überlegen, während Sie unterwegs sind, drehen Sie um und gehen dem neuen Impuls nach. Probieren Sie sich aus. Experimentieren Sie. Welche Gedanken und Gefühle tauchen auf?

Probieren Sie etwas Neues aus: Melden Sie sich zu einem Workshop „Improvisationstheater" an.

2. Übung: Kalkulieren Sie Plan B ein

Wir müssen tagtäglich mit dem Unerwarteten rechnen. Wir werden krank oder verlieren unseren Beruf. Manchmal trifft uns auch eine Trennung wie aus heiterem Himmel und der Boden wird uns unter den Füßen weggerissen. Dann müssen wir unsere Pläne über Bord werfen und uns und unser Leben neu ausrichten. So mancher hat einen Plan B in der Schublade. Er hilft, eine unerwartete Situation zu meistern. Für welchen Fall hätten Sie gern eine Alternative parat? Schreiben Sie alles auf, durchdenken Sie genau, was Sie tun würden. Welchen Schritt zuerst und welchen als nächsten. Können Sie heute schon etwas dazu vorbereiten? Bewahren Sie Ihr Papier in einem besonderen Umschlag oder einer Schachtel auf.

Welches Gefühl breitet sich aus mit Plan B? Was denken Sie?

3. Übung: Wenn Sie noch mal neu entscheiden könnten

Was von dem, was auf Ihrer heutigen To-do-Liste steht, würden Sie nicht mehr machen wollen? Wenn Sie noch einmal neu entscheiden könnten, was würden Sie dann nicht noch mal beginnen?

Es könnte ja sein, dass Ihre Aufgabenliste sehr überladen ist, weil Sie sich zu happige Ziele gesetzt haben. Streichen Sie nach Herzenslust. Wie geht es Ihnen dabei?

Für alle Lebenskünstler: Einen Schuss Planung ins Leben bringen

Gehören Sie zu den Menschen, die lieber improvisieren als Pläne schmieden? Von morgens bis abends erledigen Sie die Dinge, die Ihnen in den Sinn kommen. Sie haben einen ungefähren Fahrplan vor Augen. Aber Sie nehmen es nicht so ernst, ob Dinge heute oder morgen erledigt werden. Wenn andere lange im Voraus verplant sind, kann man Sie spontan besuchen. Sie haben sich noch nichts vorgenommen. In den Urlaub fahren Sie ohne Plan und Route im Kopf. Aus dem Stegreif können Sie eine Rede halten oder einen Workshop leiten.

Welches Instrument können Sie ohne Noten spielen? Sie haben meist eine künstlerische und kreative Gabe. Sie gründen eine Firma frisch drauflos und werden Erfolg haben. Sie lieben die Freiheit. Das gibt Ihnen Kraft und Inspiration.

Sie sind ein Lebenskünstler durch und durch und genießen Ihre Freiheit. Sie ertappen sich aber immer wieder bei dem Gedanken, dass Sie nicht wirklich zum Ziel kommen. Manchmal tut es gut, Dinge geplant zu erledigen.

Stehen Sie zu Ihrem Improvisationstalent, aber steuern Sie gezielt

Ich kenne so manchen kreativen Kopf, der für sein Improvisationstalent bewundert wird. Aber den Alltag zu planen und zu strukturieren, ist ein Kraftakt und bereitet so manches Kopfzerbrechen. Lassen Sie sich nicht beirren. Sie sind ein Improvisationskünstler und dürfen sich einem Plan Schritt für Schritt nähern.

Erlauben Sie sich, dass Sie immer auch anders entscheiden können. Wenn Sie sich einmal festgelegt haben und sich nicht mehr sicher sind, dann dürfen Sie auch wieder umentscheiden.

Nun gibt es natürlich auch einen Zusammenhang zwischen großer Improvisationslust und Angst. Es könnte nämlich sein,

- dass Sie sich nicht gerne festlegen, weil Sie sich dann eingeengt fühlen.
- dass Sie Pläne und Termine verabscheuen, weil Sie schnell die Lust und das Interesse verlieren.
- dass Sie Fakten und Zahlen ignorieren, weil Sie damit auf Kriegsfuß stehen.
- dass man Ihnen vorwirft, Sie hätten kein Durchhaltevermögen, weil Sie oft Dinge beginnen aber nicht beenden

Machen Sie sich also ruhig auch einmal mit den Kehrseiten des Improvisierens vertraut!

....

Planspiel-Trainingsprogramm

Bringen Sie ab jetzt täglich einen Schuss „Planung" in Ihr Leben:

1. Übung: Ihre Lebensvision vor Augen

Nehmen Sie sich Zeit. Überlegen Sie in Ruhe: Was wollen Sie mit XX Jahren erreicht haben? Wählen Sie ein Alter aus, das für Sie der nächste Meilenstein ist, UND ein älteres, zum Beispiel, wenn Sie 80 Jahre alt sind.

Wie sehen Sie aus? Welche Kleidung tragen Sie? Was denken Ihre Liebsten über Sie? Wo leben Sie? In welchem Umfeld? Welche Menschen sind bei Ihnen? Welche Freunde begleiten Sie? Was haben Sie geschaffen? Welche Werte sind Ihnen wichtig?

Wenn Sie alles notiert haben, fragen Sie sich: Bin ich auf der richtigen Spur? Wird sich meine Lebensvision realisieren? Oder muss ich den Kurs ändern? Was werden Sie heute bzw. nächste Woche tun, um sich Ihrer Lebensvision ein Stück zu nähern?

Schreiben Sie bitte all Ihre Gedanken in Ihr Tagebuch. Wie geht es Ihnen bei diesen Fragen?

2. Übung: Eine To-do-Liste abhaken macht (unbewusst) einen Zentimeter größer

Gerade gestern habe ich einer Klientin erklärt, wie das mit der To-do-Liste funktioniert. Normalerweise beginnt sie ihren Tag einfach drauflos, am besten mit den E-Mails zuerst, und schon beginnt das Verzetteln und Improvisieren. Steuern Sie ab heute ein bisschen dagegen.

Notieren Sie am Vorabend, was Sie am nächsten Tag erledigen wollen. Definieren Sie für jede Aufgabe die ungefähre Zeit, die Sie dafür benötigen werden. Verplanen Sie nicht Ihre ganze Zeit. Lassen Sie auch Lücken für Unerwartetes. Das können Telefonate sein, Kunden oder Gäste, die etwas auf dem Herzen haben und Sie unterbrechen werden.

Hinter jeder Aufgabe, die Sie erledigt haben, kommt ein Häkchen für „erledigt". Das, was Sie heute nicht geschafft haben, übertragen Sie entweder auf morgen oder auf einen anderen Tag, an dem Sie es erledigen wollen.

Wie viel Struktur darf es sein? Freuen Sie sich über die erledigten Dinge? Schmunzeln Sie ein wenig in sich hinein? Wie geht es Ihnen mit den abgearbeiteten Häkchen auf Ihrer Liste?

3. Übung: Zeitfenster machen frei

Es gab Zeiten, da hab ich während meiner morgendlichen Sportrunden viele verschiedene Übungen zusammengepackt. Es war eher ein improvisiertes Wischiwaschi-Sportritual denn eine konkrete Übung. Tai-Chi, Qigong oder Joggen? Walken oder Geh-Meditation? Ich habe das verändert und mich pro Morgen nur noch auf eines konzentriert. Dann ging es mir besser: nämlich nicht mehr so verzettelt.

Versuchen Sie sich Zeitfenster zu schaffen, in denen Sie das eine tun, was Ihnen wirklich wichtig ist. Ich höre immer wieder: „Ich komme nicht hierzu und nicht dazu." Schaufeln Sie sich Zeit frei und legen Sie sich fest, was Sie wann erledigen wollen. Zum Beispiel: „Lesen am Freitag nach dem Mittagessen", z.B. alle Newsletter, die im Postfach „später" gelandet sind (und diese dann löschen), oder die Fachzeitung XY, bevor nächste Woche die neue Ausgabe auf Ihrem Schreibtisch landet.

Dosiertes Planen schützt uns vor Verzetteln oder „Im-Wald-Stehen"! Stellen Sie sich jetzt vor, Sie wären Ihrem Vorhaben schon ein Stück näher gekommen. Wie fühlt sich das an? Was denken Sie?

Herzenswert: Vertrauen

Vertrauen ist ein ganz besonderer Wert und wird in Wissenschaft und Psychologie betrachtet und diskutiert. In ihm steckt, dass ich daran glaube und mir sicher bin, dass „die Welt in Ordnung ist". Für mich ist es eine wesentliche Herzqualität. Wer vertraut, hat Urvertrauen in sich und damit in andere. Mit Urvertrauen ist das in jedem Menschen tief angelegte Vertrauen in das Leben gemeint. Wer vertraut, hat ein positives Grundverständnis von sich und seinen Mitmenschen. Unterstützende Werte sind Verlässlichkeit, Verantwortung und Glaubwürdigkeit. Vertrauen ist die Basis für Liebende, Freunde, geschäftliche Beziehungen.

Lassen Sie mich Fragen stellen zu diesem Wert: Wie viel Vertrauen bringe ich mit? Wem vertraue ich? Vertraue ich mir? Woran werden die anderen merken, dass mir der Wert „Vertrauen" wichtig ist? An welchem Verhalten? Mit welchen Handlungen? Wie schaffe ich ein vertrauensvolles Umfeld/Atmosphäre? Was ist ein vertrauliches Gespräch? Wie geht es mir, wenn mein Vertrauen missbraucht wird? Wie oft bin ich misstrauisch? Wie fühle ich mich einem misstrauischen Menschen gegenüber? Vertraue ich meinen Stärken, meiner Lebenserfahrung? Habe ich eine/-n Vertraute/-n? Wie fühlt sich „Vertrauen haben" an? Schürt jemand Misstrauen? Wem schenke ich mein Vertrauen von Herzen?

Was können Sie tun, um diesem Wert in den nächsten Tagen mehr Beachtung zu schenken? Was werden Sie konkret tun? Was können Sie tun, um den Wert „Vertrauen" für sich zu erfüllen?

Die Macht der Stille: Der Regler „laut – leise"

Wir werden beschallt und beschallen uns selbst, wo auch immer wir gehen und stehen. Den einen gibt das Laute ein Gefühl von Lust und Macht. Andere fühlen sich ohnmächtig ausgeliefert. Die Ohren hören immer und alles! Sie nehmen ungefiltert auf. Wussten Sie, dass Martinshörner von Jahr zu Jahr lauter eingestellt werden? Die Menschen hören zunehmend schlechter.

Manchmal müssen wir uns anstrengen hinzuhören, weil etwas zu leise ist und wir es nicht verstehen. Gerne überspringen wir leise vorgetragene Meinungen. Das Laute sind wir gewohnt. Wir horchen auf, wenn es still ist.

Selbsteinschätzung: Wo steht Ihr Regler momentan?

Wie schätzen Sie Ihr Leben momentan insgesamt ein: Ist es eher laut oder geht Ihr Regler in Richtung leise? Wie erleben Sie sich und Ihre Umwelt derzeit? Machen Sie Ihr Kreuz:

laut						leise

Jeder von uns hat eine ureigenste Anlage. Lauschen Sie mal hin. Lieben Sie eher die leisen oder die lauten Töne des Lebens? Sind Sie „eigentlich" eher laut (ständig das Kommando vorgeben, gesellig sein, Musik an)? Oder sind Sie eher jemand, der die leisen Töne des Lebens liebt und ein Buch oder einen einsamen Waldspaziergang vorzieht?

laut						leise

Aus diesen beiden Kreuzen können Sie drei wichtige Dinge herauslesen:

■ Wie ist meine Lebenslautstärke momentan?
Oft genug wird das Leben zum Selbstläufer: viele Verpflichtungen oder diverse Interessen, oft bestimmt unser Umfeld auch die Lautstärke. Trubel oder Ruhe?

■ Wie bin ich im Grunde meines Herzens?
Bis zu einem gewissen Grad sind wir anpassungsfähig, doch zum Beispiel die leisen, ruhigeren Menschen können durch viel Trubel richtig leiden. Psychisch ist es anstrengender, aber es kann sich auch in Gesundheitsproblemen, zum Beispiel Kopfschmerzen und Erschöpfung, niederschlagen. Dazu kommt natürlich, dass sehr große Zurückhaltung uns auch unsichtbar machen kann. Dann fühlen wir uns nicht wahrgenommen. Umgekehrt ist das zu Laute oft aufdringlich. Es hat dann ähnliche negative Konsequenzen, zum Beispiel kann es sein, dass uns Menschen aus dem Weg gehen.

■ **Entspricht die Lautstärke meiner Persönlichkeit?**

So manche, die eigentlich lieber die Stille mögen, werden in das Laute hineingezogen. Doch das ist noch nicht alles: Wenn Sie sich ständig laut beschallen lassen, dann führen Sie Ihr Leben einseitig. Umgekehrt tut den „stillen Wassern" ein Schuss Lautstärke gut, um die Lebensgeister zu wecken.

Sie wissen ja: Sie allein bestimmen, wie Sie Ihre Regler einstellen. Es geht nicht darum, dass Sie immer das genaue Mittelmaß erreichen. Damit Sie laut und leise gezielt einsetzen können, gilt es, beide Qualitäten zu üben. Je versierter Sie beide Seiten beherrschen, desto leichter können Sie die Lautstärkenskala des Lebens bedienen.

Für alle Liebhaber des Lauten: Stille ins Leben bringen

Gehören Sie zu denen, die es gern laut mögen? Wenn ich in das Auto meines Mannes einsteige und auf den Radioknopf drücke, fliegt mir das Trommelfell weg – so laut hört er seine Musik. Am liebsten hört er seine Lieblingsmusik über seine Ohrknöpfe. Laut natürlich. Er schaltet sich von der Umwelt ab. Dafür schafft er sich seinen eigenen Ohrenschmaus. Nichts kann ihn stören. Er ist zufrieden und glücklich.

Stille macht hellhörig

Stellen Sie sich vor, Sie hörten einen ganzen Tag keine Musik. Weder zu Hause noch im Auto. Oder Sie buchten sich eine Klosterwoche „stille Tage". Stille Klostertage liegen im Trend. Wer heute „mal eben weg ist" für eine Weile, wird anerkennend bewundert. Sie kriegen die Krise, wenn Sie nur dran denken? Mein Mann auch.

Spitzen Sie mal die Ohren. Jetzt. Wenn wir aufmerksam werden, hören wir verschiedene Facetten von laut bis leise. Etwas Neues kann zum Schwingen kommen. So wie sich unsere Muskeln entspannen, wenn wir zur Ruhe kommen, signalisieren die Ohren ans Gehirn: „Horch, leise Töne." Wenn wir neue Impulse bekommen, fühlen wir uns glücklich. Das wiederum wird uns inspirieren.

Es gibt natürlich auch einen Zusammenhang zwischen „laut" und Angst: Es könnte nämlich sein, dass Sie (von etwas) „weghören" wollen. Was wollen Sie nicht hören? Was passiert mit Ihnen, wenn es still wird? Das Laut-Sein gibt Ihnen möglicherweise das Gefühl, nicht allein zu sein. Ich habe erlebt, dass Menschen nachts in den Bergen in der Lautlosigkeit kein Auge zumachen und nicht einschlafen können. Stille macht Angst. In China habe ich beobachtet, dass die Menschen im stillen Wald laut rufen, weil sie die Ruhe fürchten, die Einsamkeit und die Geister der Verstorbenen.

Denken Sie also ruhig auch einmal über die Kehrseite des „Laut-Seins" nach!

Die etwas leiseren Töne in Ihrem Leben …

- schulen Ihr Ohr und machen Sie achtsam und aufmerksam für sich selbst und für andere.
- offenbaren vielleicht ganz neue Seiten an Ihnen.
- werden Sie vielleicht mit Ihrer Angst vor der Stille konfrontieren.
- können Sie sensibler für sich selbst und für Ihre Umwelt machen
- werden Sie selbst ruhiger werden lassen.
- werden Ihnen Kraft schenken von innen heraus, wenn Sie das möchten.

Nun ist das mit den leisen Tönen gar nicht so einfach, wenn man das Laute bevorzugt.

Stille-Trainingsprogramm

Bringen Sie ab heute die leisen Töne in Ihr Leben.

1. Übung: Hören Sie hin

Suchen Sie sich einen stillen Ort in Ihrer Wohnung oder draußen: einen Park, einen Feld- oder Waldweg, und experimentieren Sie mit dem, was Sie hören: Bleiben Sie stehen, lehnen Sie sich gegebenenfalls an einen

Baum oder setzen Sie sich auf eine Bank: Schließen Sie die Augen und hören Sie hin: Welche Geräusche hören Sie in Ihrer unmittelbaren Umgebung? Welche sind weiter weg? Lassen Sie sich Zeit. Wie fühlt sich das an? Beobachten Sie Ihre Stimmung. Wie geht es Ihnen? Wie finden Sie es, für eine Weile nur mit Ihren Ohren „da zu sein" und zu lauschen?

2. Übung: Der Umgang mit leisen Menschen

Wenn Sie auf einen Menschen treffen, den Sie eher über"hören" würden, weil dieser zu wenig oder leise spricht, dann fragen Sie nach. Versuchen Sie zu Ihrem Gesprächspartner eine Brücke zu bauen. Denken Sie daran, dass Sie gegebenenfalls zu dominant wirken und sich andere deshalb nur schwer an Sie herantrauen. Bleiben Sie achtsam. Es gibt einen schönen Spruch, der mir vor einigen Jahren zugefallen ist: „Wenn du wissen willst, wie es dem anderen geht, musst du zu ihm hingehen und ihn danach fragen."

3. Übung: Herzübung „Lauschen"

Legen Sie die rechte Hand auf Ihr Herz bzw. Ihr Brustbein und schließen Sie die Augen. Die nächsten Minuten lauschen Sie. Achten Sie auf die Pausen zwischen Ihren Gedanken statt auf deren Inhalte. Atmen Sie dabei tief ein und aus. Schreiben Sie Ihre Gedanken und Gefühle in Ihr Tagebuch. Wie geht es Ihnen bei dieser Übung?

Wenn Sie das zu langweilig finden, dann machen Sie einen sehr langen Waldspaziergang. Allein. Achten Sie darauf, wie es Ihnen geht. In welcher Stimmung sind Sie unterwegs? Ändert sich die Stimmung nach 30, 60 oder 90 Minuten? Welche Erfahrung nehmen Sie mit? Was nehmen Sie mit in Ihren Alltag?

Für stille Wasser: Die „lauten Töne" trainieren

Ich liebe die Stille. Ich liebe es, wenn meine Ohren nichts hören. Ich bleibe dann oft stehen und sage: „Still – horch!" Ich liebe es, in die Stille zu lauschen. Dieses Lauschen durchströmt mich bis ganz tief in meinen Bauch. Wenn die Stille dort angekommen ist, dann bin ich glücklich. Gehören Sie zu denjenigen, die wie ich von sich behaupten, „ich liebe die leisen Töne des Lebens"? Ich ziehe einsame Waldspaziergänge einer Party vor. Ich liebe leere Strände, Kunst, Kultur und Literatur. Mir ist es oft zu laut. In öffentlichen Räumen bitte ich immer wieder freundlich darum, die Lautstärke herunterzudrehen.

Ich ertappe mich immer wieder dabei, dass ich mein Wissen und meine Meinung zurückhalte. Ich werde gerne gefragt und gebe dann gerne Antworten. Mir ist so mancher Zeitgenosse zu „laut" in seinem Gehabe. Da wende ich mich auch mal ab. Sprechen Sie eher zu leise? Ihr Gegenüber muss Sie öfter bitten, Ihre Sätze zu wiederholen, weil Sie nicht zu hören sind.

Menschen, die sich dem Lauten in unserer Welt nicht entziehen können, sehnen sich nach Stille. Was steckt aber möglicherweise noch dahinter? Angst vor den Menschen?

Es ist gut, die Kraft der Stille zu nutzen.

Leise, aber bitte mit Kraft

Sie schauen vielleicht neidisch zu den Extrovertierten, die keine Hemmungen haben, sich laut mitzuteilen, und über Gott und die Welt diskutieren. Sie dagegen ziehen sich eher zurück. Gehen mit sich selbst in Klausur, um Probleme zu lösen oder nachzudenken. In der Natur oder hinter Ihren Büchern fühlen Sie sich wohl.

In erster Linie ist es wichtig, dass Sie zu Ihrer Art der leisen Töne stehen (lernen): Das ist völlig in Ordnung.

Nun gibt es natürlich auch einen Zusammenhang zwischen „sehr leise" und Angst: Es könnte nämlich sein, dass Sie mit Ihrer Meinung hinterm Berg halten, weil Sie befürchten, ausgelacht zu werden. Oder weil Sie von Ihrer Meinung selbst nicht überzeugt sind oder noch gar keine zu einem bestimmten Thema gebildet haben. Wenn Sie eher leise sprechen und sich gerne zurücknehmen, fühlen Sie sich wahrscheinlich schnell von anderen überrollt, die laut ihren Standpunkt vertreten. Vielleicht geht es aber auch um die Angst vor den Menschen. Sie fühlen sich unsicher und meiden Gesellschaft.

Es ist gut, manche Dinge (etwas) lauter einzustellen, damit Sie verstanden und ernst genommen werden. So wie sonst das Salz in der Suppe fehlt, gehören die lauten Töne im Leben dazu.

Es könnte sonst passieren, dass …

- man das Interesse an Ihnen verliert.
- andere Sie unterschätzen.
- Sie sich allein fühlen.

Machen Sie sich also ruhig auch einmal mit der Kehrseite des „Leise-Seins" vertraut!

Lauter-werden-Trainingsprogramm

Können wir eigentlich „die lauten Töne" trainieren? Lassen Sie sich überraschen.

1. Übung: Experimentieren Sie mit dem „Laut-Sein"

Während ich dieses Kapitel schreibe, übernachte ich in der Schweiz in einem wunderschön gelegenen Tagungshaus mit Blick über den Zürichsee. Es gibt hier einen Weg der Sinne, auf dem die Sinnesorgane angesprochen werden. Interessanterweise beginnt es mit dem Hören. Ein überdimensionaler waagerecht aufgestellter Trichter ist am Wegesrand aufgestellt. Eine Tafel erklärt: Alle Geräusche werden verstärkt und sind so lauter hörbar. Ich lege mein Ohr an den Trichter und freue mich, dass ich neben dem Gehörten noch andere Geräusche wahrnehme. Das geht auch mit einem Küchentrichter. Oder mit Zeitungspapier einen Trichter rollen und ans Ohr halten. Probieren Sie beim nächsten Familienausflug aus, Naturgeräusche lauter werden zu lassen.

2. Übung: Wecken Sie die Lebensgeister am Morgen

Gehen Sie raus in die Natur. Gehen, walken oder joggen Sie. Am besten morgens, und begrüßen Sie lautstark den Morgen in hohen Tönen. Hysterische Töne mögen wir nicht so besonders, aber sie aktivieren die Lust und das Freche in uns (habe ich von meiner Gesangslehrerin gelernt).

Bleiben Sie stehen und stellen Sie sich hüftbreit hin: Bücken Sie sich zum Boden, als ob dort leckere saftige Äpfel lägen. Mit Ihren Händen greifen Sie danach und werfen diese wie Bälle in die Luft. Dazu einen Ton laut schreien, der so klingen könnte: „Eijei!" Kurz und knapp. Und noch mal die Äpfel, die so lecker aussehen, in die Luft werfen. Jetzt lauter: „Eijei!" Fünf Mal noch.

Spüren Sie nach, wie es Ihnen geht. Welche Gefühle tauchen auf? Ich mache diese Übungen regelmäßig. Sie machen mich frei, locker, leicht und ich lache über beide Ohren. Wenn jemand irritiert guckt, winke ich ihm zu.

3. Übung: Das Lieblingslied laut singen oder tanzen

Wenn ich Musik höre, die mir in meinem Ohr gefällt, dann drehe ich auf und singe laut mit oder tanze durch die Wohnung. Aber wehe, mein Mann dreht seinen Hardrock auf, dann will ich meine Ruhe. Lachen Sie nicht: Aber ich stehe auf alte Barockmusik. Und die will ich am liebsten täglich LAUT hören.

Legen Sie jeden Tag Ihre Lieblingsmusik auf. Drehen Sie den Regler auf volle Lautstärke. Singen Sie oder tanzen Sie darauf. Weckt es Ihre Lebensgeister und Ihre Lebenslust? Wie fühlen Sie sich? Welche Gedanken und Bilder, welche Ideen tauchen auf?

Herzenswert: Wagemut

Ich entscheide mich hier für den Herzenswert Wagemut, weil das kleine Wörtchen „Mut" drinsteckt. Beim Wage-Mut geht es darum, den „sicheren Boden" zu verlassen. Wer den sicheren Boden verlässt, begibt sich in „Gefahr", muss mit Unsicherheiten rechnen, geht Schritte ins Ungewisse.

Ich schaue zuerst wieder nach Synonymen und Wortspielen und finde: Kühnheit, Tapferkeit, Schneid, Bravour, Courage, Zivilcourage, Unerschrockenheit, Mumm, Beherztheit, Traute, Herz, Furchtlosigkeit, Unverzagtheit, Heldenmut, Heroismus, Löwenmut, Verwegenheit, Tollkühnheit, Waghalsigkeit, etwas wagen, kühn, beherzt, furchtlos, wacker, tapfer, starkherzig, unerschrocken, unverzagt, couragiert für etwas kämpfen.

Wer sich wagt, den sicheren Boden zu verlassen, fühlt neben seinem Willen und seiner Stärke sicher auch ein Stück Angst. Fragen wie: „Wird es gut gehen?", „Schaffe ich es?" werden sich abwechseln mit beruhigenden und stärkenden Worten. Wann ist man wagemutig? Wann ist Wagemut angebracht?

Was können Sie tun, um diesem Wert in den nächsten Tagen mehr Beachtung zu schenken? Wie können Sie mehr „Wagemut" in Ihr Leben bringen?

5 Finde dein Lebenstempo

Jetzt haben Sie sich jede Menge Gedanken über Ihr Leben gemacht, wer oder was über Ihre Zeit bestimmt und wie Sie es „eigentlich" lieber hätten. Nun geht es ans Tun!

Jedes Leben hat seine ganz eigene Rhythmik und Dynamik. Es lässt sich nie bis ins Kleinste planen. Genauso wenig, wie sich Zeit mal eben managen lässt. Sie können sich aber dafür entscheiden, Ihr Leben selbstbestimmter zu gestalten, indem Sie:

- und nur SIE den Rhythmus vorgeben.
- der Dirigent Ihres Lebenstempos sind.
- die wirklich wichtigen Dinge in Ihrem Leben finden.
- Improvisationstalent und Spielfreude einsetzen.

In diesem Kapitel zeige ich Ihnen, wie Sie Ihre Wünsche zum neuen Lebenstempo nun praktisch auf den Weg bringen können. Je nachdem, wie nahe Sie bereits dem für Sie passenden Lebenstempo gekommen sind, wird es Ihnen leichter- oder schwererfallen, neue Saiten in Ihrem Leben aufzuziehen. Dazu kommt, dass Veränderungen sich erst einmal ungewohnt anfühlen. Seien Sie auf Folgendes gefasst:

Seinem Leben einen neuen Dreh zu geben, kann verunsichern: „Darf ich das? Was werden [Familie/Freunde/Kollegen, …] dazu sagen? Wie gehe ich mit so mancher Ungewissheit um?"

Grundlegende Veränderungen brauchen Zeit und Konsequenz: „Werde ich kontinuierlich dranbleiben, um meine Prioritäten einzuhalten und neue Gewohnheiten einüben?"

Selbstbestimmung ist erstrebenswert, erfordert aber auch, sich abzugrenzen: „Kann ich lernen, zu mir und anderen „Nein" zu sagen? Komme ich mit meinem inneren Kritiker, meinem schlechten Gewissen und der Verantwortung klar?"

Diese Zweifel sind ganz normal. Aber keine Sorge: Das schaffen Sie! Aber seien Sie sich dessen bewusst: Je gravierender das ist, was Sie ändern möchten, desto mehr Geduld und Kontinuität ist gefragt. Sie wissen ja: Gut Ding will Weile haben. ☺

Einen (neuen) Rhythmus reinbringen

Ist das Leben in einem für uns angenehmen Takt, ist es müheloser und angenehmer. Denn dann fühlen wir uns weder verlangsamt noch gehetzt. Für so einen regelmäßigen Takt ist jedoch auch wichtig, dass wir den Rhythmus halten können. Das ist wie beim Sport: Wenn Sie längere Zeit durchhalten sollen, aber sich am Anfang zu sehr verausgaben, geht Ihnen die Puste aus.

Ein klarer Rhythmus, der Ihnen entspricht, reguliert Ihr Lebenstempo und sorgt für Ausdauer. Damit sorgen Sie für einen hilfreichen Grundtakt im Leben. Und genau das ist der erste wichtige Knackpunkt, wenn Sie Ihr Lebenstempo anpassen möchten: die Selbstbestimmung. Sie werden zum Taktgeber, anstatt sich von anderen Menschen und Verpflichtungen den Takt vorgeben zu lassen.

Um den für Sie passenden Grundtakt zu finden, haben Sie im ersten Kapitel einige zentrale Fragen rund um Ihr Lebenstempo beantwortet. Sie haben eine Ist-Soll-Analyse gemacht und bewertet, ob Sie eher Zeitopfer oder Zeitmanager sind. Nehmen Sie sich Ihre Antworten dazu jetzt noch einmal vor, bevor Sie weiterlesen.

Wenn Sie den ausführlichen Selbst-Test in Kapitel 1 dazu noch nicht gemacht haben, holen Sie ihn bitte jetzt nach. Bevor Sie Ihr Leben in einen neuen, erstrebenswerten Takt bringen können, ist es elementar, sich darüber klar zu werden, welche konkreten Ziele sich für den künftigen Rhythmus ergeben.

Die meisten Menschen empfinden ihr Lebenstempo als zu schnell. Darum gehe ich jetzt näher darauf ein, wie man seine Verpflichtungen herunterreguliert. Wenn Sie zu den Menschen gehören, die zu viel freie Zeit haben, gelten die gleichen Prinzipien: Nur dass Sie, statt loszulassen, gezielt neue Lebensbereiche und Prioritäten in Ihr Leben bringen.

Zeit ist endlich. Der Tag hat für uns alle 24 Stunden. Machen wir eine ganz einfache Rechnung:

24 Stunden

./. 8 Stunden Arbeit
./. 12 Stunden Grundbedürfnisse
(essen/trinken, schlafen, Hygiene usw.)

4 Stunden

... und das bereits sehr knapp gerechnet! Da sind noch keine großartigen Fahrzeiten dabei, kein Haushalt, keine Besorgungen, keine Arzt- oder Friseurbesuche, kein Nichtwohlfühlen, keine Chauffeurdienste. Dazu kommt, dass diese Zeitbilanz für die meisten noch verschärfter ausfällt, etwa weil sie deutlich länger als 8 Stunden arbeiten oder lange Pendelzeiten hinzukommen.

Sogar wenn wir so konservativ rechnen und uns nichts Unvorhergesehenes die Zeit raubt, bleiben uns im Schnitt vier Stunden pro Tag für Familie, Haushalt, Freizeit. Diese vier wertvollen Stunden am Tag plus das Wochenende ist unsere Lebenszeit. Was und wie viel packen wir da hinein?

Zeitklug ist, wer es auch mal genug sein lässt

Ob wir wollen oder nicht: Wir müssen ein Genug definieren. Sonst stopfen wir unsere Zeit voll und glauben, wenn wir schnell-schnell machen, gelingt uns in kürzester Zeit noch mehr. Das ist ein Trugschluss! Tatsächlich müssen wir Prioritäten zu setzen. Was muss sein? Was ist wirklich wichtig?

Für den Grundrhythmus im Leben sorgen Sie, indem Sie Ihre Verpflichtungen regulieren. Denn die Verpflichtungen sind das, was Sie regelmäßig fordert. Die meisten Menschen lassen den Anteil der Verpflichtungen zu groß werden: weil einzelne Verpflichtungen zu viel Raum bekommen oder weil sie sich zu viel aufbürden. Darum setzen Sie für Ihr neues Lebenstempo hier an:

- Schritt 1: Verpflichtungen regulieren und Prioritäten setzen
- Schritt 2: Loslassen (lernen)

Schritt 1: Verpflichtungen regulieren und Prioritäten setzen

Natürlich haben wir alle in unserem Leben bestimmte Verpflichtungen, denen wir gerecht werden müssen und wollen. Nur weil Sie voller Motivation Ihr Lebenstempo neu regulieren möchten, verschwinden diese Verpflichtungen ja nicht! Darum heißt es nun, mit Ihrer Verpflichtungsbilanz zu arbeiten.

Ein zentraler Aspekt davon sind die verschiedenen Hüte, die Sie aufhaben. Die Hüte stehen für verschiedene Rollen, die wir beruflich und privat einnehmen, z. B. Mutter/Vater, Partner/-in, Tochter/Sohn, Chef/-in, Teamkollege, Mitarbeiter/-in, Bezugsperson für meine Kunden, Elternbeiratsmitglied … (siehe dazu auch Kapitel 2).

Jeder dieser Hüte kostet Zeit und Energie. Idealerweise erfüllen sie uns gleichzeitig mit Freude. Wenn wir von Herzen gerne für unsere Familie da sind, gibt uns das eine Menge, und doch verpassen wir oft dabei, dass es auch um qualitatives Dasein geht. Viele Frauen verwechseln beispiels-

weise den „Familien-Hut" damit, sich für ihre Familie auf-
zuarbeiten. Dann besteht „für meine Familie da sein" oft nur noch aus
Erledigungen wie Haushalt, Einkaufen, Herumkutschieren.

Dazu kommt, dass wir oft in Rollen hineingeraten, die wir nicht oder
nicht mehr in dem Maße ausfüllen möchten. Erst recht, wenn wir
unsere eigenen Bedürfnisse und Wünsche achten. Nicht alle Hüte, die
wir tragen, passen und gefallen uns. Denken Sie an die durchschnitt-
lichen vier Stunden, die Ihnen bleiben!

Mit der Hüte-Übung in Kapitel 2 haben Sie bereits Ihr Ideal bestimmt
und aussortiert, welche Hüte Sie nicht mehr tragen möchten. Jetzt
regulieren Sie diese Hüte zeitlich, sodass Ihnen genug Zeit für den
„Grundtakt" Ihres eigenen Lebenstempos bleibt:

So viel Zeit füllen meine Rollen/Verpflichtungen aus

Nehmen Sie sich die Antworten der Hüte-Übung vor und tragen Sie
in das linke Quadrat ein, wie viel Raum die jeweiligen Hüte zeitlich
einnehmen. Sie bestimmen dabei, welche Zeitspanne das Quadrat
darstellt. Wenn Ihre Tage mehr oder weniger gleich ablaufen, kann
ein Quadrat einen typischen Tag versinnbildlichen. Sie können aber auch
sagen: Das ist das Abbild einer typischen Woche. Und Sie können sogar
sagen: Ich sehe ein Quadrat als mein ganzes Leben an. Entscheiden Sie
sich, was Sie abbilden möchten, und tragen Sie dann ein, welche Ihrer
eingekringelten Hüte aus Kapitel 2 wie viel Platz innerhalb des Quadrats
einnehmen. Achten Sie darauf, dass die Proportionen zueinander stimmen, dass gleichberechtigte Zeitbeansprucher gleich groß sind und sehr
dominante Verpflichtungen auch entsprechend viel Raum einnehmen.
Die Zeit, also die, die momentan übrig bleibt, lassen Sie frei.

Ein Beispiel: Links ist der Status quo einer Person, deren Arbeit ganze
drei Viertel der Zeit beansprucht. Das Eltern-Sein nimmt einen zweiten
großen Bereich ein, der aber schon deutlich kleiner ist. Dann bleibt
weniger als ein Drittel übrig, das sich zum einen um den Partner dreht,
um die eigenen Eltern und eine Vereinstätigkeit. Für sich selbst bleibt

gar keine Zeit übrig bei all diesen Verpflichtungen. Unsere Beispielperson würde gerne den Verein bleiben lassen, um Zeit für sich selbst zu schaffen. Und sie möchte gerne das Verhältnis zwischen Arbeit und Familienleben gleichberechtigter gestalten und das Eltern- und Partner-Sein stärker miteinander vereinbaren:

momentan   so soll es werden

Verein	Partner	Kind-Sein	
Arbeit		Eltern-Sein	

Kind-Sein	Zeit für mich
Arbeit	Eltern- und Partner-Sein

Lassen Sie Ihren Lieblingshut nicht im Schrank verstauben!

Füllen Sie nun Ihre Ist-Soll-Quadrate aus! Kümmern Sie sich dabei bitte nicht um „Das geht doch nicht!" oder „Ich darf mir keine Zeit für mich gönnen!". Es geht wirklich darum, wie Sie es konkret gerne hätten.

momentan   so soll es werden

Schritt 2: Loslassen (lernen)

Zeit kann man nicht herbeizaubern. Wenn Sie also Ihr aktuelles Tempo entschleunigen möchten, heißt das auch, sich von zu vielen Verpflichtungen zu trennen. Das sind die „Hüte", die Ihnen schon nicht mehr so gut gefallen, vielleicht noch nie gepasst haben, oder diejenigen, die mit der Zeit zu viel Raum eingenommen haben.

Und jetzt sind Sie gefordert! Denn nicht jede Verpflichtung ist gleich verpflichtend. Klar müssen wir arbeiten, um Geld zu verdienen. Und wenn wir kleine Kinder haben, brauchen uns diese anders als Kinder im Teenageralter. Doch da gibt es die vielen Verpflichtungen, die nicht wirklich fix sind, sondern Menschen oder Zusagen, denen wir uns verpflichtet fühlen:

■ Sie kümmern sich nur aus Loyalität um Ihre alten Eltern, mit denen Sie kein gutes Verhältnis haben. Bei jedem Treffen geht es Ihnen schlecht, weil man dauernd auf Ihnen herumhackt.

■ Eine frühere Freundin, mit der Sie schon lange nichts mehr gemeinsam haben, hält beharrlich den Kontakt. Sie würden ihn gerne abbrechen, aber tun es nicht.

■ Sie sind gerne im Verein aktiv, aber von der ständigen Kuchenbackerei und den endlosen Besprechungen halten Sie eigentlich gar nichts, machen aber trotzdem mit.

Dazu kommt, dass sich mit der Zeit Gewohnheiten einschleifen, die Zeit und Energien verschleudern:

■ Sie laufen sich die Hacken ab, um den Haushalt zu erledigen, weil Sie alles für alle machen, aber qualitative Zeit verbringen Sie mit Ihrer Familie nicht wirklich.

■ Sie haben sich selbstständig gemacht und arbeiten „selbst und ständig" ... aber nur, weil Ihre Preiskalkulation so schlecht ist, dass Sie sich abstrampeln müssen, um überhaupt auf einen guten Zweig zu kommen.

Um sich neu zu sortieren, brauchen wir den Kopf, den Bauch und das Herz.

Oft weiß nämlich das Herz, was richtig ist und wo es langgeht. Wir haben nur leider verlernt, auf seine Zeichen zu achten. Dazu gibt es eine passende indische Weisheit: „Der Mensch bringt täglich sein Haar in Ordnung. Warum nicht auch sein Herz?"

Für mein Lebenstempo ist während meiner Coachingausbildung das Kopf-Herz-Bauch-Modell von Wolfram Jokisch richtungsweisend geworden. Kopf, Herz und Bauch nehmen bei Entscheidungen jeweils eine ganz bestimmte Perspektive ein:

■ **Der Kopf denkt.**
Der Kopf denkt und entscheidet. Wir verlassen uns oft auf ihn und vertrauen ihm. Fakten zählen, und auf die ist Verlass. Der Kopf meint sich dabei oft im Recht und fühlt sich überlegen. Wunderbar, wenn er im Gefühlswirrwarr die Oberhand behält, damit man nicht von seinen Gefühlen überrollt wird. Dann ist Sachlichkeit wichtig und dringend angesagt.

■ **Der Bauch sichert die Existenz.**
Der Bauch sorgt für die Selbsterhaltung. Er steht für Genährt- und Versorgt-Sein. Überleben ist ihm am wichtigsten – auch in finanzieller Hinsicht. Wir bemerken ihn, wenn es in ihm grummelt vor Unwohlsein, Hunger oder Ärger. Freude und Glück machen uns wohlige und warme Gefühle. Wir sagen oft, dass wir aus dem Bauch heraus entscheiden. Instinktiv tun wir das Richtige.

■ **Der Herz ist unser Wesenskern.**
Das Herz ist die Verbindung zwischen Kopf und Bauch. Es schlägt tagaus und tagein. Es ist stark und kraftvoll. „Das Herz ist bereit, alles zu nehmen und alles zu geben, in seinem immerwährenden, eigenen Rhythmus. Dies ist gemeint mit Liebe im umfassenden, eben im Herz-Sinn. Im Herzen sind Wertungen aufgehoben, in ihm wird gelassenes Dasein und absichtsloses Wirken möglich." (Wolfram Jokisch)

Warum ist nun der Dreiklang Kopf – Herz – Bauch wichtig? Wenn wir nicht gut auf uns achten, übersehen wir die Herz-Instanz. Das Herz ist die zentrale Mitte in unserem Körper und verbindet Kopf und Bauch. Es kennt meist den besten Weg, wenn wir „hinlauschen". Ein Weg, der zumutbar ist. Die Veränderung erscheint dem kritischen

Kopf beschwerlich und dem Bauch vielleicht beängstigend. „Bauch" und „Kopf" müssen dann überzeugt werden. Im Dreiklang Kopf – Herz – Bauch sind erste kleine Schritte im eigenen Tempo möglich.

Hüte loslassen lernen – das ist jetzt sozusagen die Fortgeschrittenen-Lektion ☺

Wenn Sie einen Ihrer alten Hüte mit all den damit verbunden (zeitlichen) Verpflichtungen nicht mehr tragen möchten, befragen Sie Kopf, Bauch und Herz. Was sagt die jeweilige Stimme zur Rhythmusveränderung?

Diesen Hut würde ich gerne loswerden:

_____

_____

Mein Kopf – die Logik – denkt dazu:

_____

_____

Mein Bauch – Sicherheit + Selbsterhaltung – meint dazu:

_____

_____

Mein Herz sagt dazu:

_____

_____

Es kann sein, dass Ihnen diese Übung sehr leichtfällt, weil Sie bereits einen guten Zugang zu diesen verschiedenen Aspekten, die jeder Mensch in sich trägt, haben.

Wenn Sie bisher aber eher ein Kopfmensch sind oder bisher Entscheidungen immer aus dem Bauch heraus treffen, lade ich Sie ein, eine

Weile mit neuen Werten zu experimentieren, die Ihr Herz stärken können: Sie unterstützen, geben Ihnen Energie, fachen Ihren Mut an und wirken ausgleichend und tragend. Auf diese Weise trainieren Sie, Kopf, Bauch und Herz in Einklang zu bekommen und für Sie stimmigere Entscheidungen zu treffen, was das Loslassen erleichtert.

So geht's: Das Prinzip der Herzenswerte kennen Sie bereits aus den Kapiteln 3 und 4. Hier habe ich pro Lebenstempo-Regler einen Herzenswert in den Fokus gestellt, der Sie dabei unterstützt, in Ihrem Tempo zu bleiben: Gelassenheit, Langmut, Zähigkeit, Entwicklung, Neugier, Vertrauen und Wagemut.

Wählen Sie einen der oben genannten Werte aus, zum Beispiel Gelassenheit. Integrieren Sie diesen Wert heute in Ihren Tag. Schlüpfen Sie in die Rolle „gelassener Bär". Leben Sie aus, was Ihnen in den Sinn kommt. Spielen Sie damit. Lassen Sie sich inspirieren, zu was dieser Wert Sie einlädt. Schreiben Sie abends Ihre Erfahrungen in Ihr Tagebuch:
Was denkt der Kopf dazu? Wie fühlte es sich in Ihrem Bauch an?
Wählen Sie für morgen einen anderen Wert aus.

Mit dieser Übung lernen Sie

- neue Seiten von sich kennen.
- festgefahrene Wertestrukturen aufzubrechen.
- sich Ihrem Lebenstempo zu öffnen.
- Ihre Sichtweisen aus neuer Perspektive zu beleuchten.
- ein zu einseitiges Wertesystem zu bereichern.
- sich vor einer Sinnkrise zu schützen.
- Ihr Herz bewusster wahrzunehmen.
- einen stimmigen Dreiklang zwischen Kopf – Herz – Bauch herzustellen.

Ihre ersten Schritte zum neuen Lebenstempo

Notieren Sie in Ihrem Tagebuch, welche konkreten Veränderungen Sie beschlossen haben, um Ihr Lebenstempo neu zu gestalten:

Ich möchte mein Lebenstempo

- herunterregulieren.
- schneller machen.
- in einen regelmäßigeren Takt bringen.

(siehe auch Ihre Lebenstempo-Selbsteinschätzung in Kapitel 1)

Ich habe meine Verpflichtungen analysiert:

- Diese Hüte will ich verändern, und zwar so: ...
- Diese Hüte will ich loslassen: ...
- Diese Hüte möchte ich neu in mein Leben bringen: ...

Führen Sie für sich näher aus, was sich warum zur jeweiligen Rolle ändern soll. Zensieren Sie sich nicht und behindern Sie sich bitte nicht durch ein „Wie soll das gehen?!".

Der Taktgeber sind ab jetzt Sie. Wie Sie sich und Ihr Leben im neuen Rhythmus dirigieren, dazu kommen wir jetzt.

Dirigent sein!

Sie haben sich für einen erstrebenswerten Rhythmus entschieden. Sie haben die Lebensrollen abgeklopft, die Sie derzeit ausfüllen. Und Sie haben entschieden, welche „Hüte" Sie loslassen, verändern und neu hinzunehmen möchten.

Jetzt müssen wir über Selbstdisziplin reden. Das ist ein Wort, das viele Menschen scheuen. Wenn Sie auch allergisch darauf sind, überrascht mich das nicht. Darum bitte ich Sie, sich der Selbstdisziplin, die Sie zweifelsohne brauchen, mit einem anderen Bild anzunähern: Werden Sie zum Dirigenten Ihres neuen Lebenstempos!

Der Dirigent hilft dabei, dass alles funktioniert. Salopp gesagt, tanzen alle nach seiner Pfeife, und das ist gut so: Denn der Dirigent sorgt dafür, dass der Takt eingehalten wird, dass alles, was gleichzeitig passiert, im richtigen Einklang bleibt. Er setzt Akzente, indem er das Tempo reguliert, gezielt Pausen macht und die Intensität steuert.

Damit Sie zu sich und Ihrem Tempo stehen können, brauchen Sie einige Grundlagen:

- sich gezielt fordern können.
- Nein sagen: zu sich und anderen, um Ihre neuen Ziele umzusetzen.
- die gesamte Bandbreite der Lebenstempo-Regler nach und nach beherrschen lernen.

Denn nur wenn Sie jetzt wirklich ins Handeln kommen, können Sie Veränderungen in die Wege leiten, sich neu ausprobieren und das gewünschte Lebenstempo etablieren!

Vielleicht stimmt das prinzipielle Tempo bei Ihnen bereits, aber Sie möchten gerne noch zufriedener, ausgeglichener, glücklicher werden. Dann lesen Sie die folgenden Tipps für das Feintuning dessen, was uns ganz besonders wertvoll im Leben ist. Es heißt nicht umsonst Lebensqualität und Zeitqualität: Auf die Feinheiten kommt es an!

Sich gezielt fordern können

Es ist das eine, im stillen Kämmerlein Entscheidungen zu treffen, und es ist eine ganz andere Geschichte, Nägel mit Köpfen zu machen. Gerade weil unser bisheriges Lebenstempo gewohnter Alltag für uns ist, diskutieren Ihre inneren Stimmen vermutlich gerade intensiv darüber, was Ihnen besonders wichtig ist und was Sie loslassen könnten ... wenn überhaupt!

Weil so eine innere Zerrissenheit uns oft davon abhält, überhaupt Entscheidungen zu treffen, habe ich Sie beim Abklopfen Ihrer Hüte gebeten, sich nicht gleich zu zensieren. Jetzt sehen wir uns etwaige Vorbehalte näher an.

Wenn wir uns auf zu neuen Zielen machen, schlagen oft zwei Seelen in unserer Brust. Denn jetzt kommen sich verschiedene Werte in die Quere. Da kämpft zum Beispiel unser sportliches Ich mit dem bequemen Ich, die sicherheitsbedürftige Seite mit der unabhängigkeitsliebenden. Das ist ganz schön verwirrend und oft gewinnt eine dominante Stimme, nur weil sie lauter schreit. Doch so entstehen keine guten Entscheidungen! Wenn Sie Ihre „zwei Seelen" hingegen kennen, können Sie freundlich mit Ihnen umgehen und die gegensätzlichen Stimmen sogar zu Ihrem Vorteil nutzen.

Beantworten Sie sich die folgenden Fragen:

Welche zwei inneren Stimmen melden sich immer wieder lautstark zu Wort? Zum Beispiel

■ die Ehrgeizige und die Bequeme
(„Ich möchte befördert werden" – „... aber dann musst du so viele Überstunden machen und hast viel mehr Arbeit an der Backe.")

■ der Nachsichtige und der Richter
(„Das ist nicht so schlimm. Fehler passieren!" – „... das hätte dir nie passieren dürfen!")

■ die Schnelle und die Besonnene
(„Entscheide dich schnell!" – „... das solltest du dir lieber noch mal gut überlegen!")

Wenn Sie eine aktuelle Debatte führen, fragen Sie sich immer: Welche zwei Seelen schlagen da gerade in meiner Brust?

+

Jetzt können Sie auf mehrere Arten mit diesen inneren Stimmen umgehen:

- Wenn es mehrere Stimmen sind und nicht nur „zwei Seelen", befragen Sie dieses innere Team. Lassen Sie alle zu Wort kommen (siehe Kapitel 2).

- Wenn es zwei gegenteilige Seelen sind, notieren Sie die gegensätzlichen Standpunkte und Motive. Möchten Sie zum Beispiel einen „Freundschafts-Hut" modifizieren und einer Freundin sagen, dass Sie sich gerne weiter mit ihr treffen, aber nicht mehr jeden Tag ausgiebig telefonieren wollen, dann sehen die Standpunkte beispielsweise so aus:

Die Freiheitsliebende: *„Ja, sag ihr endlich, dass du nicht mehr dauernd telefonieren willst! Abgesehen von der ganzen Zeit, die da verloren geht, zieht die endlose Jammerei total runter!"*

Die Loyale: *„Aber das kannst du nicht machen. Wir sind schon so lange befreundet, da kann man nicht einfach sagen, dass man nicht mehr so oft telefonieren will. Das tut ein guter Freund nicht!"*

Ich habe die Beispiele aus Platzgründen verkürzt. Lassen Sie beide Stimmen ruhig ausführlicher zu Wort kommen. Schreiben Sie sich aus der jeweiligen Warte die Argumente und Befürchtungen auf. Dadurch nehmen Sie alle Aspekte wahr, die Sie für Ihre Entscheidung brauchen, um sie zu treffen, zu verkünden und einzuhalten.

Haben Sie generell zwei sehr dominante gegenteilige Haltungen in sich, können Sie diese auch im Alltag trainieren und ihre jeweiligen Vorteile nutzen. Dadurch bekommen Sie einen noch besseren Zugang: Geben Sie jedem Ihrer „Ichs" einen freundlichen Namen oder ein liebenswertes Kosewort. Ihre schnelle Seite könnten Sie „Speedy Gonzales" nennen. Vielleicht haben Sie eine innere „lahme Schnecke", die Sie Helga nennen wollen. Finden Sie eine nette Bezeichnung, die Sie zum Schmunzeln bringt. Damit bauen Sie direkt einen positiven Bezug zu beiden Seiten auf … das ist besonders wichtig, weil wir in der Regel eine davon als hinderlich empfinden.

Nehmen Sie sich immer mal einen Tag vor, an dem Sie gezielt in die verschiedenen Rollen schlüpfen: Geben Sie also einem Vormittag gezielt der einen Seite die Oberhand, und am Nachmittag der anderen. Schlüpfen Sie zum Beispiel morgens in die Rolle von „Speedy Gonzales" und erledigen Sie alles prompt und effizient: Entscheiden Sie schnell, handeln Sie schnell, arbeiten Sie zackig alles weg. Verkörpern Sie konsequent das, was Ihre schnelle innere Seite vorgibt.

Die zweite Hälfte des Tages kommt die andere Seite zum Vorschein: Jetzt darf die Besonnenheit regieren: Überlegen Sie gezielt, bevor Sie etwas tun. Erbitten Sie sich Bedenkzeit. Recherchieren Sie erstmal Informationen, bevor Sie eine Entscheidung treffen. Notieren Sie sich abends Ihre Gedanken: In welcher Rolle haben Sie sich wohl(er) gefühlt? Ist eine der beiden stärker? Welche Gedanken und Gefühle hatten Sie im Laufe des Tages? Was war hilfreich?

....

Mit dieser Übung lernen Sie:

- den zwei stärksten Stimmen Ihres inneren Teams auf die Schliche zu kommen.
- sich besser zu verstehen, weil Sie Unbewusstes zutage gefördert haben.
- Ihre Verhaltensweisen, Gefühle und Gedanken klarer zu erkennen.
- die beiden Seelen anzuerkennen und wertzuschätzen ... beide sind bedürftig und wichtig.
- mit Ihren inneren Teammitgliedern/Stimmen in Kontakt zu treten und Synergieeffekte zu nutzen.

Nein sagen: zu sich und anderen

Bisherige Gewohnheiten zu verändern, fällt deshalb so schwer, weil wir auf bisher gewohntes Terrain verlassen. Gerade unser Alltag ist der ausgetretenste Trampelpfad, den es gibt. Sie könnten auf Autopilot schalten und einen üblichen Tag durchleben (was wir oft genug sogar tun!).

Eine Veränderung im Lebenstempo bedeutet: Sie beschleunigen etwas oder regulieren es herunter. Sie lassen Verpflichtungen oder alte Gewohnheiten los und machen sich daran, neue zu etablieren. Das geht nicht mal eben durch einen reinen Entschluss. Und es reicht auch nicht, sich einmalig gegen etwas auszusprechen. Darum halten wir so oft die besten Vorsätze nicht durch: Wir wollen abnehmen und entsagen für drei Tage unserer geliebten Schokolade, aber dann werden wir doch wieder rückfällig. Sie wissen, dass Ihnen Sport guttut, und gehen zwei Wochen lang zum Schwimmen, aber dann lassen Sie es wieder bleiben, und das, obwohl es Ihnen sogar riesigen Spaß gemacht hat. Was ist da los?

Wir geben uns zu wenig Zeit, um von der neuen Gewohnheit profitieren zu können. Und wir geben uns nicht die Zeit, eine neue Spur zu legen, die zu einem Trampelpfad wird. Darum rutschen wir vorschnell in das alte Fahrwasser zurück.

Bei Ihrem Lebenstempo ist das ganz besonders brisant, denn Ihre gesamte bisherige Lebensführung ist mit einem riesigen und sehr ausgetretenen Trampelpfad vergleichbar. Darum ist es so wichtig, dass Sie sich gerade in der Anfangszeit mit Ihrem Tagebuch auf Kurs halten und motivieren. Vor allem aber ist wichtig, dass Sie lernen, richtig mit sich zu reden … auch was das Neinsagen angeht.

Denken Sie daran: Sie wollen ja der Dirigent Ihres Lebenstempos sein. Das „Nein-Sagen" und die damit verbundenen veränderten Gewohnheiten sind eine gute Sache, die aber natürlich auch bedeuten, dass man sich nicht alles durchgehen lässt.

Ihr neues Lebenstempo wird eine klangvolle Gesamtkomposition voller Spielfreude, die aber zunächst einmal auf einem klaren Rhythmus aufbaut. Das Neusortieren Ihrer Lebensrollen klappt nur, wenn Sie sich klar auf Kurs halten.

Dazu braucht es eine klare Wortwahl – beim Verkünden einer Entscheidung, aber auch beim Einhalten: Reden Sie Klartext! Sagen Sie, was Sie tun oder nicht mehr tun werden.

▪ Ich brauche das Wochenende für mich. Wir können uns gerne am Wochenende treffen, aber dann hier in der Stadt.	**statt**	▪ Ich bin so beansprucht mit Familie und Arbeit, dass ich am Wochenende nicht so gerne noch so weit mit dem Auto fahre.
▪ Ich stehe nur noch bis zur nächsten Wahl im Mai als Schriftführerin zur Verfügung.		▪ Ich glaube, es ist besser, wenn ein anderer die Schriftführung für den Verein übernimmt.
▪ Ich sammle nicht mehr die Wäsche aus euren Zimmern ein. Kommt mit, ich zeige euch, wie die Maschine funktioniert.		▪ Könnte vielleicht hin und wieder jemand von euch die Wäsche in die Maschine stecken?

Auf diese Weise können Sie genauso freundlich Ihre Beweggründe mitteilen, wenn Sie möchten, aber Sie laden nicht zu Diskussionen ein, ob diese Entscheidung „gilt" oder nicht. Sollte Ihr Gegenüber diskutieren wollen, achten Sie darauf, dass Sie das Prinzip des „Ich werde" einhalten. Verwässernde Umschreibungen sorgen dafür, dass Leute Entschlüsse nicht als solche wahrnehmen und sie ignorieren.

Manchmal versuchen andere auch einfach, trotzdem durchzukommen. Wenn die Kinder ihre Wäsche also doch im Zimmer liegen lassen und Sie merken, dass sie bald nichts mehr zum Anziehen haben, dürfen Sie nicht einknicken und es doch wieder machen. (Ich weiß, es ist schwer, aber halten Sie durch.) Halten Sie Ihre eigenen Regeln ein! Denn wenn nicht mal Sie sie ernst nehmen, warum sollten es andere tun? Außerdem kommen Sie so nie aus Ihrem bisherigen Fahrwasser.

	statt	
■ Ich werde nicht mehr sofort „Hier!" schreien, wenn jemand etwas braucht.		■ Ich werde versuchen, mir nicht immer neue Verpflichtungen aufzuhalsen.
■ Ich befürchte, dass das Projekt ohne mich ins Schleudern gerät, aber ich habe mich entschieden, diesen Hut loszulassen, damit ich mehr Freiraum für mich gewinne.		■ Bestimmt geht das Projekt jetzt den Bach runter ohne mich, das kann ich den anderen doch nicht antun. Ich biete an, dass ich Aspekt X und Y ein Jahr weitermache.

Das gilt natürlich auch für Ihre eigenen Selbstgespräche und Taten: Seien Sie sich dessen bewusst, dass der bisher ausgetretene Lebenstempo-Pfad eine starke Anziehungskraft haben wird. Formulieren Sie Ihre Entscheidungen im Klartext – vor sich und anderen, um nicht von Haus aus in die alten Spuren zurückzurutschen. Dabei hilft Ihnen auch ein breiteres Lebenstempo-Repertoire.

Die gesamte Bandbreite der Lebenstempo-Regler beherrschen lernen

Ganz egal, ob Sie in letzter Zeit völlig gegen Ihr eigentliches Tempo gelebt haben oder ob Sie prinzipiell auf Wohlfühlkurs sind: Gerade beim Umgang mit der Zeit haben wir alle unsere starken Seiten. Oft sind das Eigenschaften, die unserer Persönlichkeit entsprechen, zum Beispiel, wenn Sie von Haus aus von der schnellen Truppe sind. Häufig sind es aber auch Fähigkeiten, die wir aus der Not heraus entwickelt haben. Wie eine Mutter, die Meisterin des Multitaskings geworden ist, weil das einfach aus der neuen Rolle heraus so gefordert war.

Wenn Sie Ihren gewählten Rhythmus fest etablieren wollen und das Lebenstempo selbstbestimmt dirigieren, ganz so, wie Sie es generell – und phasenweise – brauchen, dann ist es wichtig, Ihr Tempo-Repertoire zu schulen. Dabei helfen Ihnen die Lebenstempo-Regler mit den zahlreichen Trainingsvorschlägen aus den Kapiteln 3 und 4. Nehmen

Sie sich konsequent vor, mit den verschiedenen Tempo-Reglern zu spielen. Genau wie ein guter Musiker die Tonleiter und verschiedene Takte übt. Wieder und wieder.

Der nächste Schritt, um Ihr Lebenstempo souverän zu dirigieren: Entscheidungen wollen umgesetzt werden! Nur wenn Sie Ihre Rollen aktiv loslassen, verändern und neue hinzunehmen, verändert sich Ihr Lebenstempo auch.

Dazu braucht es:

- kluges Selbstmanagement, um widerstreitende Stimmen anzuhören, ernst zu nehmen, sich aber nicht davon dominieren zu lassen.
- Klartext, um vor sich und anderen klipp und klar Entscheidungen zu verkünden.
- Ausdauer und Konsequenz, um nicht in altes Fahrwasser zu rutschen und neue Trampelpfade zu etablieren. Sie können ausdauernder und leichter Ihr neues Tempo etablieren, wenn Sie Ihr Lebenstempo-Repertoire erweitern.

Damit haben Sie für den neuen Rhythmus gesorgt. Jetzt bringen wir weitere Lebensfacetten zum Klingen.

Die wirklich wichtigen Dinge finden

Vielleicht haben Sie die Geschichte von den Steinen schon einmal gehört: Wenn Sie einige große Steine in einen Krug legen, ist dieser schnell voll. Sie können dann kleine Steinchen und Sand hinzuschütten, die sich in die Zwischenräume einpassen. Aber umgekehrt funktioniert das nicht: Wenn Sie in Ihrem Gefäß lauter Sand haben, passen die großen Steine einfach nicht mehr rein. So ist das auch im Leben: Die großen, wirklich wichtigen Dinge müssen zuerst in den Krug! Sonst haben Sie für die wichtigen Lebensbereiche keinen Platz, keine Zeit und keine Energie mehr.

Sie haben sich zu Beginn dieses Kapitels mit Ihrem Rhythmus auseinandergesetzt: Welche Hüte tragen Sie, und welche Verpflichtungen gehen damit einher. Ich habe Ihnen auch vorgerechnet, dass im Schnitt ca. 4 Stunden für uns selbst übrig bleiben – und das Wochenende. Eine Rechnung, die für viele bereits recht optimistisch ausgefallen ist.

Freie Zeit, ganz für uns, ist für die meisten ein knappes Gut, das gut genutzt werden will!

Jetzt sehen wir uns Ihr Leben daraufhin an, was Ihnen wirklich wichtig ist. Denn wenn Sie diesen Dingen Priorität einräumen, nutzen Sie Ihre Zeit sinnvoller, sind zufriedener und erfüllter: Alles, was in Ihrem Krug landet, sollte Ihnen wirklich wichtig im Leben sein.

Schreiben Sie in Ihr Lebenstempo-Tagebuch Dinge, Lebensbereiche oder bestimmte Menschen, die Ihnen ganz besonders wichtig sind: die Lebensinhalt für Sie sind – oder noch mehr sein sollen –, denen Sie intensiver Zeit schenken oder die Sie regelmäßiger in Ihr Leben einbinden möchten. Gewichten Sie die Liste noch nicht! Überlegen Sie sich einfach, was Ihnen wirklich wichtig im Leben ist.

Das können bestimmte Menschen sein, z. B. „(m)eine Beziehung", „meine Kinder", „ein guter Freund", „ICH SELBST" ..., oder allgemeiner „meine Familie" ... oder auch, was Sie anstreben, auch wenn Sie es noch nicht haben: „eine Familie haben".

Es können Werte sein, die Ihnen enorm wichtig sind, z. B. „Unabhängigkeit", „Beweglichkeit", „Spaß". Es kann ein Haustier sein oder Interessen, z. B. eine Sportart, reisen, „mein Garten".

Lassen Sie sich durch die Beispiele inspirieren. Denken Sie nicht nur an das, was Sie bereits haben, sondern an das, was Sie leben möchten.

Fertig? Dann gehen Sie Ihre Liste jetzt noch einmal durch und gewichten Sie. Zeichnen Sie 3 bis 5 große Steine in Ihrem Krug ein, die dafür stehen, was Sie als Erstes hineinlegen müssen, damit diese wichtigen Dinge auch ihren Platz in Ihrem Leben bekommen! Und bestimmen Sie in der nebenstehenden Liste maximal 10 kleinere, wichtige Dinge, die Ihren „Sand" darstellen: Das sind die Dinge, die Sie für ein erfülltes Leben brauchen und beachten möchten:

Meine wichtigsten „Steine":   **Mein „Sand":**

1.

2.

3.

4.

5.

6.

7.

1.   8.

2.   9.

3.   10.

4.

5.

Halten Sie Ihren Krug fest im Blick. Denn diesen für Sie erfüllenden, sinnstiftenden Lebensbereichen müssen Sie jetzt natürlich auch Prioritäten einräumen: Das will ich in mein Leben einbauen. Dieser Person/Sache will ich künftig mehr Beachtung schenken. Wie werden Sie das tun?

Genießen: Platz für Neues

Gerade noch haben wir über die Wichtigkeit des Nein-Sagens gesprochen. Und beides – das Nein- und das Ja-Sagen – hat mit Freiheit zu tun. „Nein" verknüpfen wir nämlich viel zu oft mit etwas Unangenehmem, sogar wenn wir wissen, dass das Abgrenzen unterm Strich vorteilhaft für uns ist.

Nein heißt auch Ja

Vielleicht fällt es Ihnen leichter, Nein zu sagen, was Sie nicht länger einhalten möchten, wenn Sie mal eine Liste machen, auf der steht, zu was Sie denn im Umkehrschluss JA sagen wollen.

Ich sage NEIN (zu) ...	Damit sage ich JA (zu) ...
... Fernsehzapping	... einem Gespräch
... Autofahren	... Fahrradfahren
Wozu sagen Sie „Nein" ...	... und damit „Ja"?

Diese einfache „Neinsagen führt zum Jasagen"-Liste hilft Ihnen enorm dabei, auf Kurs mit Ihrem neuen Lebenstempo zu bleiben. Denn damit fokussieren Sie sich auf all die neuen Möglichkeiten und Ziele, die Ihr Leben noch schöner, runder und glücklicher machen.

Vergessen Sie nicht: Lebensqualität entsteht im Hier und Jetzt.

Genießen: Zeit für sich!

Ein großes Bedürfnis in der heutigen Zeit ist, dass Menschen sich nach einer Auszeit sehnen. Wie steht es mit Ihnen? Bedauern Sie auch, dass sie zu wenig Zeit für sich selbst haben? Vielleicht denken Sie: „Mein Terminkalender ist so oder so schon randvoll. Wie also ‚einen Termin mit mir selbst' einplanen, wenn die Zeit sowieso knapp ist?"

Ein wesentlicher Aspekt Ihres neuen Lebenstempos ist es, Ihre Bedürfnisse und Wünsche zu achten. Ein zweiter Baustein für Ihr Lebenstempo-Fundament ist es, Pausen einzulegen. Denken Sie dran: Rhythmus hängt wesentlich von Pausen ab. Ohne Pausen kein Takt und keine Akzente.

Zeit für sich meint nun nicht, dass große Zeitabschnitte im Kalender geblockt werden müssen oder das Leben völlig umgekrempelt wird. Im Gegenteil! Manchmal kann „Zeit für mich" bedeuten, 15 Minuten eine Auszeit zu nehmen und alle viere auf dem Sofa oder auf der grünen Wiese von sich zu strecken. Manchmal können es 5 Minuten mit einer Freundin am Telefon sein. Gelegentlich ist es ein fauler Tag in der Sauna.

Damit Sie immer öfter in den Genuss von „Zeit für mich" kommen, hier eine Checkliste, damit dieser Termin Präsenz bekommt in Ihrem Terminkalender.

Ihre Checkliste für „Zeit für mich"-Zeitfenster

Definieren und beschreiben Sie Ihre ganz persönliche „Zeit für mich" auf einem Blatt Papier:

Listen Sie alle Aktivitäten auf, die „Zeit für mich" für Sie bedeuten: Was tun Sie gerne? Worin gehen Sie wirklich auf? Was lieben Sie besonders? Fernsehen, Kino, spazieren gehen, pilgern, im Kaffee sitzen, brunchen mit der Freundin, Massage ...

Gehen Sie die Liste durch und prüfen Sie pro Aktivität:

- Unterscheiden Sie zwischen Außer-Haus-Aktivitäten und Im-Haus-Aktivitäten einschließlich „nichts tun".
- Unterscheiden Sie zwischen „ich allein" bzw. „mit wem?".
- Listen Sie auf, was Sie für Ihre „Zeit für mich" benötigen: z.B. eine Badewanne, ein Buch, Ihr Sofa, Walking-Stöcke, ein Telefon, einen Termin, Ihre Freundin.
- Legen Sie pro Aktivität die gewünschte Häufigkeit/den gewünschten Rhythmus fest, z.B. wöchentlich/monatlich/jährlich.
- Tragen Sie die benötigte/gewünschte Zeit ein: z.B. 1 Stunde, 1 Tag, 15 Minuten.
- Legen Sie den Monat/Tag bzw. die Tageszeit fest.

Das sieht dann in etwa so aus:

Aktivität	Allein/mit wem?	Außer Haus? Im Haus? Was benötige ich?	Rhythmus/ Zeitbedarf/ Datum

- Tragen Sie Ihre Aktivitäten in Ihren Terminkalender ein.

Am Tag des Termins:

1. Lassen Sie sich rechtzeitig erinnern (zum Beispiel von Ihrem elektronischen Kalender oder von einer Freundin).
2. Bereiten Sie sich vor: Schauen Sie in Ihrer Liste, was Sie dafür benötigen, legen Sie alles bereit, bestätigen Sie ggf. einen Termin.

3. Wenn Sie aus dem Haus gehen oder bestimmte Aufgaben vorab erledigen müssen, dann kalkulieren Sie morgens Ihre Zeit und stellen Sie sich ggf. einen Wecker, der Sie rechtzeitig daran erinnert, mit dem Arbeiten aufzuhören und sich auf den Weg zu machen. Planen Sie nicht zu knapp, damit Sie sich nicht abhetzen.

Nun ist das mit dem Genießen und der Zeit für sich selbst oft gar nicht so einfach, weil unsere inneren Antreiber gerne mal dazwischenfunken. Die Antreiber sind:

- Sei perfekt!
- Beeil dich!
- Mach es anderen recht!
- Sei stark!
- Streng dich an!

Im zweiten Kapitel haben Sie jeden dieser Antreiber schon näher kennengelernt. Und wenn Sie jetzt noch einmal zurückblättern, dann sehen Sie, dass ich Ihnen zu jedem dieser Antreiber auch einige „Erlauber" geschrieben habe. Damit Sie ohne schlechtes Gewissen Ihre Prioritäten und Bedürfnisse leben können, ist es wichtig, ein Gegengewicht zum jeweiligen Antreiber zu schaffen.

Wenn Sie also bisher noch nicht ergründet haben, welche Antreiber Sie haben, dann holen Sie das jetzt nach und schreiben Sie sich die passenden Erlaubnissätze auf ein Blatt Papier, das Sie sich vor die Nase hängen. So schaffen Sie automatisch einen Ausgleich. Und besonders wenn Ihr Antreiber Ihnen das nächste Mal etwas nicht erlaubt oder ungeduldig auf die Uhr tippt, antworten Sie ihm mit einem entsprechenden Erlaubnissatz. So halten Sie den Antreiber in Schach und bleiben fest auf dem Kurs, den Sie für sich einschlagen möchten.

Neben unseren selbst gewählten „Hüten" und Verpflichtungen möchten Sie auf jeden Fall die Lebensqualität steigern. Und die hängt nicht nur vom Tempo, sondern vor allem davon ab, wie Sie dem, was Ihnen wirklich wichtig ist im Leben, auch Priorität einräumen: den Menschen, die Ihnen wichtig sind; den Werten, die Ihnen Sinn geben; den Interessen und Zielen, die Sie erfüllen.

Darum ist es wichtig, auf diese Glücklichmacher und Sinnstifter ganz besonders zu achten. Denn gerade diese gehen oft im Alltagstrott unter. Dabei verdienen sie ganz besonders unseren Fokus.

Improvisieren und unbändige Spielfreude

Leben ist Vielfalt. Es ist oft nicht planbar. Und obendrauf kommt unsere jeweilige Tagesform. – Wir dürfen, müssen und wollen im Leben improvisieren.

Auch ich habe manchmal Tage, an denen ich einfach nichts planen will. Dann halte ich mich nicht an meine To-do-Liste, sondern arbeite kreuz und quer, wie es mir gerade in den Sinn kommt. Dann beweise ich, wie multitaskingfähig ich sein kann, obwohl ich sonst lieber die Dinge nacheinander mache. Ich nutze in diesem Moment aus, dass ich ganz versiert auf den Lebenstempo-Reglern spielen kann. Tun Sie das auch!

Improvisieren lernen

Sicher kennen Sie Improvisationstheater: Dabei stellen sich die Schauspieler auf die Bühne und spielen aus dem Stand heraus eine Geschichte. Sie wissen nicht, was passiert. Sie reagieren nur auf das, was die Mitspieler spontan sagen und tun. Damit das funktioniert, gibt es einige Prinzipien, an die sich alle halten.

Ja, Sie haben richtig gehört! Die Schauspieler agieren zwar spontan, aber sie halten sich an Prinzipien und bauen auf erlernten Techniken auf, die das Improvisieren erst ermöglichen. Genau wie der Musiker die Tonleiter immer wieder aufs Neue übt, obwohl er sie „schon kann". Genau wie Sie Ihr Lebenstempo-Repertoire mit den Reglern auf vielfältige Weise erweitern und einüben.

Das Prinzip „Zustimmung"

Ein zentrales Prinzip im Improvisationstheater ist die Zustimmung. Wann immer ein Mitspieler etwas sagt oder tut, nimmt man das mit einem „Ja, und (deshalb mache ich jetzt …)" freudig auf. Nur so kann sich etwas entwickeln.

Dieses „Prinzip Zustimmung" ist auch für Ihre eigene Improvisationsfähigkeit wichtig. Sagen wir, Sie haben keinen Kopf zum Arbeiten und denken sich: „Ich könnte die Zeit nutzen, um das Büro neu zu organisieren. Dazu bräuchte ich aber endlich ein neues Regal. Hm. Eigentlich könnte ich schnell zum Möbelhändler fahren." – Jetzt meldet sich die innere Stimme: „Nein, das kannst du nicht machen! Jetzt so ad hoc da extra rausfahren. Bleib lieber daheim und zwing dich, ein paar Sachen von der To-do-Liste zu erledigen. Vielleicht brauchst du ja noch was anderes, plan das mal lieber." Die Wahrscheinlichkeit, dass Sie jetzt fahren, ist schon nicht mehr so hoch. Vielleicht geht eine innere Debatte über das Für und Wider los, die dazu führt, dass Sie eh keine Lust mehr haben.

Mit dem „Prinzip Zustimmung" wäre das nicht passiert! Denn dann hätten Sie auf Ihre spontane Idee so reagiert: „Eine gute Idee! Ich könnte wirklich endlich ein neues Regal brauchen, und das Büro umzuräumen, ist längst fällig. Da kann ich meine aktuelle Unlust wirklich gut nutzen. Nur überstürzen will ich das jetzt auch nicht so gerne, weil das Möbelhaus weiter draußen ist. Lieber überlegen, was ich noch brauche. Also was sind meine Optionen? Ich könnte mir einen Kaffee machen und genau überlegen, was ich sonst brauche, um nachher doch gleich zu fahren. Oder ich drehe den CD-Spieler laut und fange erstmal mit dem Ausmisten an. Dann sehe ich immer noch …"

Sie sehen: „Prinzip Zustimmung" heißt nicht, dass Sie alles auf Anhieb gut finden müssen, sondern es heißt, dass Sie es nie sofort abschmettern, sondern einen Einfall immer begrüßen und sehen, was sich daraus entwickelt.

Der Alltag mit seinen vielen Kleinigkeiten eignet sich hervorragend zum Improvisieren:

- Sie verabreden sich zum Essen, aber der Abend ist zu schön, um drin zu sitzen? Dann ändern Sie Ihren Plan!

- Sie hätten eigentlich Yoga, aber es zieht Sie so gar nicht hin. Dann pfeifen Sie heute mal auf die Erleuchtung und fragen Sie sich, wozu Sie so richtig Lust haben!

Wer das Improvisieren im Kleinen übt, kann es auch, wenn das Leben ihm ein größeres Kaliber Unvorhergesehenes beschert.

„So tun, als ob"

Wenn wir neue Facetten an uns entdecken möchten, hilft uns ebenfalls das Improvisieren. Sie wollen frecher sein oder sich mehr trauen? Sie halten sich für eher langsam und möchten gerne mal wahnsinnig produktiv sein?

Dann probieren Sie sich aus! Tun Sie einfach so, „als ob", indem Sie in eine bestimmte Rolle schlüpfen:

Heute bin ich mal wie ein Buddha: Ich höre gut zu, beobachte, ich strahle Ruhe aus. Wenn mich jemand um eine Meinung fragt, überlege ich und gebe einen weisen Kommentar. Mich regt nichts auf. Menschen sind, wie sie sind. Ich kann sie annehmen.

Heute nehme ich jede Herausforderung an: Ich sage „Ja", wenn ich normalerweise „Nein" sagen würde. Ich melde mich für das neue Projekt. Ich führe das schwierige Telefongespräch, das ich schon länger vor mir herschiebe. Ich bin zuversichtlich.

Vielleicht hilft Ihnen sogar die Vorstellung, Sie seien ein Schauspieler: Schlüpfen Sie ganz überzeugend in diese Rolle. Haben Sie Spaß damit! Nutzen Sie Requisiten. Eine Sonnenbrille hilft Ihnen beim Cool-Sein oder Sie ziehen absichtlich ein grelles rotes Hemd an, das weithin zeigt: Hier kommt Mrs/Mr Zuversichtlich.

Beobachten Sie, wie es sich anfühlt. Wie reagieren denn die anderen? Vielleicht schmunzeln Sie über die Reaktionen, die man Ihnen beweist?

Sich das Improvisieren erlauben

Wir Erwachsenen sind oft zu streng mit uns. Klar, wir haben viel zu managen und oft genug leben wir nach der Devise „Das Leben ist kein Ponyhof". Erst recht, wenn wir viel um die Ohren haben und Verpflichtungen sehr drücken, schalten wir zu gerne in den Hamsterrad-Modus. Doch damit erreichen wir nur eins ganz sicher: Selbst wenn es uns gelingt, produktiv alles zu erledigen, haben wir keine Freude dabei. Und keine Freude ist ein schleichendes Gift: Wir sind ernst, haken nur noch die „To-dos" ab und lassen uns von anstehenden Aufgaben die Tage diktieren.

Pfeifen Sie zwischendurch einfach mal auf die Vernunft! Sorgen Sie für mehr Spaß und Spiel: Überlegen Sie sich eine Überraschung für Ihre/-n Liebste/-n, organisieren Sie ein Picknick zu zweit. Probieren Sie mit Ihren Kids ein neues Gesellschaftsspiel aus. Oder gönnen Sie sich ein Mittagsschläfchen. Wird jemand verhungern, wenn Sie heute mal nicht kochen? Brennt etwas an, wenn Sie heute mal nicht zum Sport gehen oder die Englischstunde sausen lassen?

Alles gelingt besser, wenn es mit Lockerheit geschieht.

Und gerade Freude und Begeisterung sorgen für ein Mehr an Lebensqualität.

Schlusswort:
Lebe dein Lebenstempo!

Liebe Leserin, lieber Leser,

ich freue mich mit Ihnen, dass Sie Ihr Lebenstempo – und damit Ihre Lebensqualität – aktiv gestalten. Denn mit der „Welle des Lebens zu surfen", bringt sehr viel Zufriedenheit, Souveränität und Glück!

Meine schönste Lebenstempo-Zeit habe ich in Hongkong verbracht. Diese Stadt hat es in sich mit ihren Gegensätzlichkeiten. Ihre Schnelligkeit hat mir den Atem genommen und mich inspiriert. Ganz besonders gern denke ich an die Tage, an denen ich nichts weiter vorhatte. Dann bin ich in die langsam ruckelnde Tram eingestiegen und habe mich durch die Metropole schaukeln lassen. Ich suchte meinen Platz im oberen Deck und habe den Menschen zugeguckt, wie sie ein- und aussteigen. Einige waren schnell. Andere langsam. Auf Augenhöhe mit Straßenschildern, Fenstern und chinesischen Zeichen habe ich mit allen Sinnen meine Fahrt genossen.

Welches war bisher Ihre schönste Lebenstempo-Zeit? Haben Sie auch an einem anderen Ort gelebt, war es der letzte Urlaub, in dem Sie ganz ohne Uhr nach Ihrem eigenen Rhythmus in den Tag gelebt haben, oder war es die Zeit an einer bestimmten Arbeitsstelle, wo Sie in kurzer Schlagzahl wahnsinnig produktiv waren und es rundherum genossen haben? Bewahren Sie sich diesen Erinnerungsschatz und lernen Sie daraus für die Gegenwart!

Ab jetzt zählen Sie zu den Fortgeschrittenen in Sachen Lebenstempo. Egal wo Sie sich aufhalten, Sie nehmen sich mit Ihrem Lebenstempo immer mit. Egal welcher Himmel sich über Ihnen wölbt. Einen neuen Rhythmus gestalten, das geht nur, wenn Sie ein Herzensanliegen daraus machen.

- Machen Sie regelmäßig einen Termin mit sich. Dann können Sie Ihr Tempo immer wieder feinjustieren in die eine wie in die andere Richtung. Tragen Sie sich alle 4 Wochen einen Termin in den Kalender und arbeiten Sie mit Ihrem Tagebuch weiter. Nur wenn Sie sich immer wieder daran erinnern, was Ihnen wichtig ist, bleiben Sie Ihrem Lebenstempo und Ihren Werten treu. Sagen Sie sich: „Ich habe eine Verabredung mit mir selbst. Ich bleibe dran."

- Üben Sie wöchentlich mit den Reglern (Kapitel 3 und 4). Wiederholen Sie, was gut gelingt. Beschäftigen Sie sich regelmäßig mit dem Punkt, der Sie am stärksten beeindruckt oder nachdenklich gemacht hat. Für jeden kleinen oder großen Erfolg kleben Sie einen grünen Punkt oder ein Smiley in Ihren Kalender, schenken Sie sich eine besondere Praline zum Naschen oder eine schöne Rose für Ihre Lieblingsvase.

- Bitten Sie Ihre beste Freundin/Ihren besten Freund um Unterstützung. Bitten Sie darum, erzählen zu dürfen, was Sie vorhaben. Damit verpflichten Sie sich und spornen sich vor allem an, denn Sie wollen ja eine Erfolgsgeschichte erzählen. Feiern Sie gemeinsam Ihre kleinen und großen Erfolge!

Ich freue mich über Ihr Feedback zum Buch: info@petraschuseil.de.

Über die Autorin

Petra Schuseil (geb. 1958) hat verschiedene Lebenstempi kennengelernt. Sie kann langsam genauso wie schnell-schnell. Und wie!

Drei Jahre hat sie in Hongkong verbracht und seit 2012 lebt sie mit ihrem Mann in Richterswil am Zürichsee, wo die Uhren wieder ganz anders laufen.

„Ich liebe die leisen Töne, in echten Kontakt mit Menschen zu kommen und Gastgeberin zu sein."

Seit 2006 hat sie sich ganz aufs Coaching spezialisiert. Sie unterstützt ihre Klienten darin, ihr eigenes Lebenstempo zu finden, damit sie gelassener durchs Leben spazieren. Davor führte sie ein facettenreicher Lebensweg aus dem Hotelfamilienbetrieb in die 5-Stern-Hotellerie, später dann als selbstständige Assistentin in internationale Werbeagenturen und Dienstleistungsunternehmen.

Petra Schuseil schreibt seit 2008 regelmäßig in ihrem Lebenstempo-Blog. Sie finden sie außerdem in den sozialen Netzwerken wie Xing, Twitter und Facebook.

Falls Ihnen der Atem ausgeht: Coachingsessions für gelingendes Lebenstempo finden bei „La Schuseil" am Zürichsee statt. Sie können aber auch ein Wochenende lang in ihrem Allegra Bio Bed and Breakfast entschleunigen. Vielleicht treffen Sie sich ja auch mit ihr zum Tramfahren in Zürich?

Weitere Details finden Sie auf den beiden Webseiten www.lebenstempo-coaching.ch oder www.allegra-bnb.ch.

Kontakt:
Petra Schuseil, Richterswil am Zürichsee
info@petraschuseil.de

Literaturverzeichnis

Zum Weiterlesen auf Papier

Cameron, Julia; Der Weg des Künstlers, Droemer Knaur, 1996

Covey, Stephen R.; Der Weg zum Wesentlichen: Der Klassiker des Zeitmanagements, 6. Auflage, Campus Verlag, 2007

Geißler, Karlheinz A.; Alles hat seine Zeit, nur ich hab keine: Wege in eine neue Zeitkultur, Oekom, September 2011

Janus forum – Das Blatt für Freunde und Partner von Janus 12/2010, Janus GmbH & Co. KG Aying

Joines, Vann; Stewart, Ian; Die Transaktionsanalyse: Eine Einführung. 10. Auflage, HERDER spektrum, 2000

Kälin, Karl; Müri, Peter; Sich und andere führen. Psychologie für Führungskräfte, Mitarbeiterinnen und Mitarbeiter. 15. Auflage, Thun, Ott-Verlag, 2000

Kahler, T.; Das Miniskript. In: Barnes, G. u. a.: Transaktionsanalyse seit Eric Berne, Band 2, Berlin, Dr. Gisela Kottwitz Verlag, 1980

Kopp-Wichmann, Roland; *Ich kann auch anders. Psychofallen im Beruf erkennen.* Freiburg, Kreuz Verlag im Herder Verlag GmbH, 2010

Löhken, Sylvia; *Leise Menschen – starke Wirkung. Wie Sie Präsenz zeigen und Gehör finden.* 5. Auflage 2012, Offenbach, GABAL Verlag GmbH

Riemann, Fritz; *Grundformen der Angst. Eine tiefenpsychologische Studie,* 39. Auflage. München, Reinhardt Verlag, 2009 – (siehe hier im Buch, Kapitel 2, Das Riemann-Thomann-Modell – mit freundlicher Genehmigung)

Schlieper-Damrich, Ralph; Kipfelsberger, Petra und Netzwerk Coach-Pro; *Werte-Coaching. Beruflich brisante Situationen sinnvoll meistern,* 2. Auflage, Managerseminare-Verlag, 2008

Schmid, Bernd; *Systemisches Coaching. Konzepte und Vorgehensweisen in der Persönlichkeitsberatung,* 3. Auflage, Bergisch-Gladbach, EHP, 2004 EH (= Handbuch Systemische Professionalität und Beratung) (hier im Buch Kapitel 2, Unsere unbewussten Antreiber – mit freundlicher Genehmigung des Autors/des Verlags)

Schulz von Thun, Friedemann; Thomann, Christoph; *Klärungshilfe 1: Handbuch für Therapeuten, Gesprächshelfer und Moderatoren in schwierigen Gesprächen,* 6. Auflage, Reinbek, Rowohlt Taschenbuch Verlag, 1988/2011 (siehe hier im Buch Kapitel 2, Das Riemann-Thomann-Modell – mit freundlicher Genehmigung des Autors und des Verlags)

Schulz von Thun, Friedemann; *Miteinander reden, Band 3: Das „Innere Team" und situationsgerechte Kommunikation,* 20. Auflage, Reinbek, rororo, 2010 – mit freundlicher Genehmigung des Autors und des Verlags – (siehe hier im Buch Kapitel 2, Das innere Team)

Titze, Michael; *Lebensziel und Lebensstil. Grundzüge der Teleoanalyse nach Alfred Adler,* München, J. Pfeiffer, 1990 (siehe hier im Buch Kapitel 2, Alfred Adler und Geschwisterposition)

Im World Wide Web zu finden

Jokisch, Wolfram; Arbeitsblatt; *Ein Drei-Perspektiven-Modell lebender Systeme: Kopf – Herz – Bauch* (siehe hier im Buch das Kapitel „Einen (neuen) Rhytmus reinbringen") – mit freundlicher Genehmigung)

Sinnier GmbH Janus & Jokisch: *Sinnierkarten aus dem Kartenset „Herz":* www.sinnieren.de

LebensWerte-Karten, 4. Auflage, 2005, Lützelburg, Perspektivenwechsel GmbH http://www.logotherapie-augsburg.de/seite_6a.shtml

Fotos und Illustrationen

Werner Küstenmacher (Urheberschaft) (siehe im Kapitel 2: „Unsere unbewussten Antreiber") – mit freundlicher Genehmigung: Rechteinhaber: Verlag für die Deutsche Wirtschaft AG.

Hörtrichter Boldern (Kapitel 4, „Die Macht der Stille") fotografiert auf dem Weg der Sinne – mit freundlicher Genehmigung: Boldern Tagungszentrum, Männedorf Hans Egli, Leiter Tagungszentrum

Tierillustrationen (Selbst-Test in Kapitel 1), Vignetten: Peter Lohse, www.lohse-design.de

Portraitfoto Petra Schuseil: Markus Püttmann, www.impulsraum.eu

Stichwortverzeichnis

Danke!

Gitte Härter, meiner brillanten Buchcoach, die in meinem Gedanken-
karussell einen roten Faden entdeckte. Wir haben ein überzeugendes
Buchkonzept gestrickt. Ich danke ihr für ihre Geduld, Inspiration
und das Zurückpfeifen, wenn ich mal wieder ins Philosophieren kam.
(www.schreibnudel.de)

Ute Flockenhaus, die mich als Erstautorin in ihren Verlag genommen
hat. Sie bestärkte mich, Lebenstempo-Expertin zu sein. „Jetzt mal
Schluss mit der Verniedlichungsform."

Gudrun Kittel-Thong für die inspirierenden Brainstorming-Stun-
den bei Jasmintee und Dim Sum im schnellen Hongkong. Lebenstempo-Coaching entstand in der faszinierendsten Stadt der Welt.
(www.coachgudrun.com)

Meinem Mann Volker für unser gemeinsames Lebenstempo – wo auch
immer auf dieser Welt.

Meiner besten Freundin, Annegret, für geteilte Spiritualität.

Christiane und Andreas, die mich in meinem tiefsten Tief begleitet und
mir mehr als nur Raum und Zeit geschenkt haben.

Bi, die mich schon ewig kennt, lahm und schnell, und Echo gab zu meinen Regler-Kapiteln.

Meinen Freundinnen, insbesondere meinen Frankfurter „Grazien", für die leisen Schwingungen – egal wie weit entfernt ich bin, ob in Hongkong oder am Zürichsee.

„Dr. M.", die mich zur unperfekten Liebe ermutigt hat.

Anna Kirsch und Peter Flühr für DIE Workshop-Woche am Wolfgangsee im Rahmen meiner Coaching-Ausbildung: Selbstmanagement und Selbstcoaching. Danach war Schluss mit Burn-out! (www.janusteam.de)

Wolfram Jokisch für das wichtigste Coachingtool überhaupt: den Herzensblick. (www.corework.de)

Der Kantorei in Bergen-Enkheim für das Singen, Atmen und Lachen in allen Tempo-Lagen über ein Jahrzehnt hinaus.

Und last, but not least: Anja Hilgarth, die mein Manuskript auf Schlüssigkeit prüfte und mit viel Fingerspitzengefühl die letzten dissonanten Töne im Text aufspürte und mit mir zum Klingen brachte.